DE LA DÉPRESSION
AU GOÛT DU BONHEUR

Hélène Roubeix

DE LA DÉPRESSION AU GOÛT DU BONHEUR

Deuxième édition

EYROLLES

Éditions Eyrolles
61, bd Saint-Germain
75240 Paris Cedex 05
www.editions-eyrolles.com

Cet ouvrage a fait l'objet d'un reconditionnement à l'occasion de sa deuxième édition (nouvelle couverture et nouvelle maquette intérieure).
Le texte reste inchangé par rapport à l'édition précédente.

Mise en pages : Istria

Remerciements

Je remercie toutes les personnes qui ont accepté de partager ici leur expérience. Je suis très touchée par leurs témoignages. Messages d'espoir, ils nous disent que nous pouvons guérir et aussi transformer notre vie. Ils aideront, je l'espère, le lecteur à trouver son propre chemin.

SOMMAIRE

La foi, c'est l'oiseau qui chante
Quand l'aube est encore obscure.

Rabindranâth Tagore

AVANT-PROPOS

Réhabiliter la dépression

La première raison d'être de ce livre est la compassion que j'éprouve pour les personnes qui souffrent de dépression. Je suis très touchée par cette maladie morale terrible qui détruit insidieusement l'énergie vitale, le désir et le plaisir de vivre. Dans la dépression, la vie devient peu à peu si difficile, si pesante, que la moindre action, la moindre décision, paraît insurmontable. Réfléchir, se concentrer, agir est si compliqué ! Tout devient effort et la tentation est grande de tout abandonner, de se laisser sombrer. La vie en perd son sens, au point que la mort peut apparaître comme une délivrance. La vie s'arrête, il n'y a plus de futur, plus d'espoir. Il n'y a même plus de présent. Le temps est totalement figé. Tout paraît sombre et froid, glacial.

La seconde raison d'être de ce livre est mon désir de contribuer à la réhabilitation de la dépression. Quelles que soient sa force et sa durée, elle est toujours une épreuve, mais la façon dont nous allons la regarder et la vivre est déterminante. Il s'agit, bien sûr, de guérir de la dépression, mais il s'agit aussi d'en saisir le sens et d'en faire une construction. Tout état dépressif, léger ou grave, nous invite à une remise en cause de nous et de notre vie. Il nous invite également à des changements : transformation intérieure parfois très profonde, dans notre façon d'être avec nous-mêmes, de nous considérer, de nous respecter ; changements aussi dans notre mode de vie, nos relations affectives et sociales, notre profession. La dépression nous incite à réfléchir à qui nous sommes, à poser des actes nouveaux, à faire des choix, à prendre davantage la responsabilité de notre vie et de notre bonheur, à devenir plus libres et plus matures.

Cette épreuve ne nous arrive pas par hasard. Au-delà de ses manifestations (douleur morale, tristesse, inhibition motrice et intellectuelle,…), difficiles à supporter, de quoi souffrons-nous dans notre être profond ? Qui souffre en nous et de quoi ? Comment en sommes-nous arrivés là ? Les causes possibles de la dépression sont multiples, liées à notre histoire passée et à ses souffrances ou à notre vie d'aujourd'hui et à ses difficultés (pertes, deuils, excès de pression, de stress, de responsabilités, problèmes professionnels ou sociaux, harcèlement moral chez soi ou au travail,…). Il revient à chacun de saisir le sens de cette souffrance. Le faire intellectuellement n'est pas suffisant. C'est avec tous nos sens en éveil que nous allons regarder, écouter, ressentir la dépression en nous, faire la place à cette part souffrante, l'accueillir, lui donner le temps de dire sa grande douleur, pour l'amener tout doucement à la guérison.

Renouer avec nous-même

Ce livre nous invite également à entrer dans cette expérience sensorielle du contact et du lien retrouvé avec des parts de nous douloureuses dont nous étions peut-être coupé et qui aspirent à être réintégrées. Recréer le lien avec soi nous permettra aussi de recréer le lien avec les autres et avec la vie.

La dépression nous appelle au renouveau. N'allons pas nous battre contre elle, la considérer comme une ennemie dont il faut se débarrasser à tout prix, parce que ce serait finalement se battre contre soi. N'essayons pas non plus de la réduire à une maladie que l'on pourrait guérir mécaniquement avec des médicaments seulement ou quelques bonnes recettes, car ce serait faire de nous et de notre corps une machine.

Ouvrons la porte à notre inconscient qui est notre allié, un puits de ressources infinies, notre profondeur et notre sagesse, notre source.

Peut-être la dépression nous signifie-t-elle que, symboliquement, nous avons cessé, à un moment donné, d'une façon ou d'une autre, de nous abreuver à cette source de vie qui est en nous. C'est comme si nous nous étions trompé de route, à notre insu, écartés de nous-même et du chemin juste pour nous. Si alors nous n'entendons pas ce signal de dépression, si nous faisons la sourde oreille à cet appel de détresse, il se peut que le symptôme dépressif guérisse quand même (les antidépresseurs sont efficaces pour deux tiers environ des personnes déprimées), mais nous ne serons pas guéri de ce dont nous souffrons, de nous être dévié de notre chemin, coupé du lien juste avec nous, les autres et la vie.

Ce lent travail de transformation intérieure nous conduit à mieux nous connaître, à mieux nous accepter, à être plus respectueux de la vie en nous, à donner du sens à notre existence et à développer notre aptitude au bonheur.

Ce livre propose une perspective psychothérapeutique des états dépressifs et de leur guérison, qui n'exclut en aucune façon les autres approches, en particulier les soins médicaux et les psychotropes. Quand la souffrance est trop forte et qu'elle devient invalidante dans la vie quotidienne, les médicaments sont nécessaires et doivent accompagner la psychothérapie. Il est utile de développer des façons nouvelles de soigner la dépression : elle est la première cause de suicide, elle représente 51 % des demandes de psychothérapie. Puisse ce livre apporter sa modeste contribution à soulager la souffrance, à redonner l'espoir et la foi en la vie, à éveiller le goût du bonheur.

CHAPITRE 1

LA DÉPRESSION A MAUVAISE PRESSE

Au programme

- La pression permanente
- Maintenir à tout prix le déni de la dépression

De plus en plus, nous vivons dans une société où la *dépression*[1] a mauvaise presse. Elle n'a pas sa place dans notre mode de vie collectif. Paradoxalement, il y a sans doute de plus en plus de gens déprimés ou qui vont mal. Or, il est de bon ton d'aller toujours bien, d'être toujours en forme, d'être dynamique, performant, de se dépasser, d'exiger toujours plus de soi. Nous développons le culte de l'excellence, de la performance, du bien-être total et permanent. Nous faisons la chasse aux émotions injustement appelées négatives : la peur, la colère, la tristesse, la douleur. Or, ces émotions sont naturelles et les ressentir à certains moments, dans certaines situations, c'est être humain, vivant, en contact avec soi. La vie, en effet, nous apporte des épreuves, des événements douloureux, des deuils, des temps de passage et de transformation. C'est pourquoi, il est très important alors de faire sa place à la souffrance, à la difficulté d'exister, à la dépression.

La *dépression* est un état normal à certaines étapes de la vie, une expérience humaine naturelle. Parfois aussi, elle devient

---

1. Les mots en italique suivis d'un astérisque sont définis dans le glossaire en fin d'ouvrage.

une maladie grave et même invalidante, dans la mesure où elle nous empêche de travailler et de vivre comme nous en avions l'habitude. Il faut alors la soigner et s'en occuper de différentes façons.

La pression permanente

La société nous pousse à aller bien ou, plus précisément, à montrer que nous allons bien, c'est-à-dire à construire une image de nous positive, active et forte. Nous essayons de croire à cette image, d'y coller, mais aussi de la donner aux autres. Ainsi, nous faisons de nous une machine qui doit marcher à tout prix et, parfois le prix est très élevé car nous exigeons beaucoup de nous-même pour répondre aux exigences des autres – et aux nôtres – dans notre vie professionnelle ou familiale.

Dans cette façon de vivre, il faut donc être en forme, rester jeune ; il n'y a pas de place pour la souffrance, la *dépression**, ni d'ailleurs pour la vieillesse ou la mort.

Cela nous invite, de plus en plus, à être ou à rester dans le *déni** de la *dépression**, c'est-à-dire à tout faire – consciemment ou inconsciemment – pour ne pas la sentir.

La dépression est interdite

Alors, nous faisons tout pour ne pas voir, entendre, sentir que parfois nous sommes fatigué, surmené, épuisé, las de tant travailler ou d'avoir tant de soucis, las et malheureux de ce qui nous arrive, parfois désespéré de vivre parce que c'est trop, trop de pression, trop de problèmes, trop de difficultés de tous ordres, et nous ne savons plus, nous ne pouvons plus y faire face. Nous n'arrivons plus à avoir le goût de vivre ni à donner du sens, assez de sens, à notre vie.

Ne plus sentir

Être dans le déni, c'est être dans un processus actif pour ne pas sentir et pour ne pas penser.

L'une des façons sûres d'y arriver, c'est de se réfugier dans l'hyperactivité. Alors nous travaillons dur et beaucoup, beaucoup trop. Travailler plus, aller toujours plus loin, accepter toujours plus d'engagements. Quand nous avons fini de travailler, nous continuons encore à faire, à faire du sport à outrance par exemple, à sortir sans arrêt ou à nous occuper excessivement des autres. Même en vacances, nous faisons du tourisme, des excursions…

Nous donnons, de cette façon, tout pouvoir à une part de nous effectivement active, dynamique, qui sait faire, une part sans doute plutôt masculine, le *Moi**. Une part qui s'adapte aux exigences des autres dans le paraître. Et nous laissons de côté une autre part de nous, plus féminine, plus du côté de l'être, de notre inconscient et de notre essence, le *Soi**. La laisser de côté, cela veut dire concrètement ne pas lui faire de place, ne pas lui donner le temps, ni l'espace, ni la liberté pour exister, pour respirer. C'est une annulation qui peut être très forte, même si nous n'avons pas conscience de la violence que nous nous faisons ainsi à nous-même, à notre insu.

Nous pensons que tout va bien, mais un jour cette violence inconsciente risque de se retourner contre nous sous la forme d'une maladie ou d'un accident. Notre corps parle enfin, se fait le messager de la part de nous que nous maltraitons et qui demande à être reconnue et entendue.

La dépression de François

François réussissait très bien dans sa vie professionnelle. Il avait bâti son entreprise et s'y adonnait corps et âme. Il avait traversé les épreuves de la vie, disait-il, sans jamais se laisser aller, toujours fort, endurant, volontaire et optimiste. Même quand sa femme l'avait quitté, pour ne pas sentir la douleur, il s'était réfugié encore plus dans le travail. Tout allait donc bien pour lui, tout au moins par rapport à l'image qu'il donnait aux autres et à laquelle il croyait. Ce qui commençait cependant à ne pas aller si bien, c'était sa santé. « Le corps me joue des tours », disait-il, montrant clairement, en employant l'article défini « le » plutôt que de dire « mon », combien il mettait son corps à distance. Pourtant, il en faisait des choses pour « le » corps : salle de sport, jogging, tennis, ski... Mais c'était toujours dans l'effort. Il était dur avec lui-même. Un jour, une sciatique l'immobilisa plusieurs semaines. Puis il reprit le travail comme si de rien n'était. L'année d'après, la sciatique fut plus douloureuse, dura plus longtemps. Là, il eut un début de prise de conscience. Il se dit : « J'en fais trop, il faut que je travaille moins, que je prenne du temps pour moi, pour vivre. » Pourtant, à peine remis, il reprit son rythme de travail habituel. Mais un jour, brutalement, ce fut l'infarctus. Il échappa d'extrême justesse à la mort.

Rester dans le déni de la dépression comporte des risques graves pour notre bien-être et notre santé

Les parts de nous ainsi inconsciemment écrasées, annulées depuis des années, vont probablement se manifester par des symptômes plus ou moins graves, sans doute légers d'abord, comme de petits problèmes de santé ou des accidents sans gravité. Si nous n'entendons pas, si nous faisons la sourde oreille, nous risquons de voir ces symptômes s'aggraver car ces parts de nous inconscientes (extérieures à notre conscient) demandent instamment à être prises en compte. Elles nous lancent des appels de détresse.

Nous verrons, dans le chapitre suivant, que François choisit d'entendre ce que son corps lui signifiait, à sa façon, il sut ainsi sortir du déni de la dépression.

Maintenir à tout prix le déni de la dépression

Beaucoup de personnes n'ont même pas conscience de leur *dépression** ou de leur état dépressif chronique. Elles savent bien, cependant, que parfois elles vont mal, elles souffrent. Mais, au lieu d'écouter cette part d'elles et d'en prendre soin, elles préfèrent faire le choix de s'étourdir de multiples façons. Par l'hyperactivité, comme on l'a vu dans l'histoire de François, ou bien encore par toutes formes de dépendances : conduites addictives par rapport à des produits (tabac, alcool, drogues, nourriture), dépendances sexuelles ou affectives. L'énergie vitale de la personne est ainsi absorbée, déviée et cela lui évite de trop souffrir, de contacter la souffrance, le manque et la solitude de sa part dépressive. Cependant, la dépression apparaît et réapparaît dans les moments de plus grande vulnérabilité, quand il y a des épreuves, des deuils, des changements de vie.

Aujourd'hui, Jeffrey a ce regard sur sa vie passée, sur ses états dépressifs, contre lesquels il luttait de toutes ses forces.

La dépression de Jeffrey

« À 16-17 ans déjà, j'allais mal et je suis allé voir un homéopathe. À 20 ans, j'ai fait une tentative de suicide. À 25 ans, j'ai fait une "vraie dépression nerveuse" ; ma sœur venait de se suicider, ainsi qu'un ami proche. De plus, j'étais en train de quitter la province pour m'installer à Paris et je vivais un grand surmenage professionnel, avec beaucoup d'activités et d'insécurité, mais je ne m'en rendais pas compte.

Un matin, je me suis réveillé très fatigué, épuisé. J'avais une boule dans la gorge. Là, j'ai eu conscience que je faisais une dépression. À midi, en mangeant un morceau de poulet, je n'ai pas pu l'avaler. Toutes mes fonctions physiologiques se sont bloquées. J'ai subi un traitement de tranquillisants et d'antidépresseurs, à haute dose, pendant huit à dix jours, puis quotidien pendant un an. C'est alors que je suis rentré dans le déni de mes états dépressifs : j'avais d'autres priorités dans ma vie, d'autres urgences que de m'écouter. Je me disais : "Il faut que je m'en sorte." Alors, j'ai laissé tous ces problèmes de côté. J'ai encore plus soigné mon apparence : parfaite, agréable. Je vivais dans un étourdissement permanent : je passais mes nuits en boîte, je faisais usage de stupéfiants. J'accédais à des espaces en moi que je n'avais pas rencontrés auparavant. J'ai conscience, aujourd'hui, que les stupéfiants étaient comme un véhicule pour contacter des parts de moi inconnues : je peux aller en voiture au sommet de la montagne, j'y vais et en reviens vite mais je suis dépendant de ma voiture. Si j'y vais à pied, je suis autonome ; je vais à la rencontre de parts de moi par moi-même ; le chemin peut être long, mais je suis libre ! Je vivais aussi une sexualité débridée qui n'était pas satisfaisante.

Dans mon travail, il m'arrivait de véhiculer mon mal-être, qui était, au fond, une souffrance à être là, à exister. Ça se manifestait par des exigences déplacées vis-à-vis des autres. Je pouvais être capricieux, voire tyrannique ! »

Ce mécanisme d'annulation des états dépressifs est très courant. Jeffrey le dit clairement : il renonce à s'écouter parce qu'il croit que s'il s'écoute, il ne pourra pas s'en sortir. Or, cette part de lui, dépressive, souffre justement de n'avoir pas été écoutée, entendue, dans les épreuves qu'elle a traversées : deuils, surmenage professionnel… Il renforce son *Moi** qui devient alors extrêmement dominateur et même tyrannique avec autrui. Se coupant ainsi de sa part souffrante – manifestation probable du *Soi** – il ouvre la porte à diverses *somatisations**.

Les somatisations révèlent l'évitement de la dépression

Le corps de Jeffrey lui envoie des appels très forts, des signaux d'alarme qui l'invitent à écouter sa dépression, mais il n'entend pas. Il refuse de prendre en compte cette part de lui et il va continuer à l'annuler de différentes façons.

La dépression de Jeffrey (suite)

« Et puis, je somatisais. Par exemple, j'avais des problèmes de sciatique. C'était douloureux dans mon corps, mais je refusais de prendre en compte les signaux qui étaient là. Maintenant, si j'ai mal au dos, j'en tiens compte immédiatement. Je suis à l'écoute. Avant, je ne le faisais pas et ça empirait rapidement. Aujourd'hui, je n'ai plus tous ces maux physiques.

À 35 ans, je sortais d'une relation affective très destructrice et j'allais mal, j'étais dans la dévalorisation totale de moi. J'ai éprouvé alors le besoin de commencer une démarche thérapeutique qui m'a permis de faire un travail de réappropriation de qui j'étais et qui a stimulé mes ressources. Mais alors, je suis rentré dans un rapport de toute puissance avec moi-même et avec les autres, qui était en fait le contre-pied exact de la situation précédente. En contact avec mes ressources, j'étais dans le déni de l'impuissance. Je me disais que je pouvais tout faire. Je faisais ce que je voulais. Je m'affirmais complètement.

J'ai eu alors une nouvelle relation amoureuse, intense et fusionnelle. L'autre était dans un état de détresse fort et je l'ai totalement pris en charge. Je m'occupais de lui tout le temps. Je me sentais utile : j'avais quelqu'un à sauver. Tout cela me permettait – j'en ai conscience aujourd'hui – d'éviter de sentir mon état dépressif. J'avais trouvé une bonne raison de vivre : pour l'autre.

Et ça marchait ! Lui était très ouvert à ce que j'apportais de nouveau. C'est plus facile de faire bouger les autres que de bouger soi-même ! Mais, au bout de trois mois, il m'a appris brutalement qu'il souhaitait mettre un terme à notre relation. C'était inattendu et violent. Et là, j'ai sombré dans la dépression, le désespoir ; je me suis retrouvé face à moi, impuissant à sauver l'autre, face à ma propre impuissance. »

On pourrait appeler ce témoignage : « mon histoire avec la dépression et son évitement ». L'histoire de toute une vie car, maintenant, Jeffrey se rappelle aussi que déjà, vers 7-8 ans, il recherchait l'isolement, la fuite et il se trouvait bien en parlant à son canard.

La *dépression** était là sans doute, déjà très tôt, alors qu'apparemment il vivait une enfance heureuse. Son adolescence avait été marquée cependant par la dépression puis le suicide de son père. La douleur de cette perte avait été déniée en grande partie, inconsciemment, et le *deuil** ne s'était pas fait. La dépression cependant était là et Jeffrey allait mal.

Lutter contre la dépression, c'est se nier soi-même

On pourrait comparer cette époque à la souille de Robinson[2] telle que la décrit Michel Tournier dans son roman *Vendredi ou les limbes du Pacifique*. Après le naufrage du navire qui l'emmenait vers le Nouveau Monde, Robinson découvre qu'il est seul sur une île déserte. Pendant des mois, il met toutes ses forces à construire une embarcation destinée à lui permettre de rejoindre le continent. Une fois achevé cet intense labeur, Robinson prend conscience qu'il ne pourra jamais la mettre à l'eau car elle est trop lourde. Il sombre alors dans une immense *dépression** qui le conduit à passer ses journées dans la souille, marécage bourbeux où se vautrent les sangliers. Il reste là, des heures durant, hébété, réduit à l'état animal. L'analyse que je

---

2. Hélène ROUBEIX, *À la rencontre de soi. Se libérer des rapports de force*, éd. Anne Carrière, 2000.

propose est que son *Moi** est réduit à l'impuissance, incapable d'assurer la relation à la réalité quotidienne. Seul subsiste le *Soi**, dans son état immature, fœtal, avide de sensations régressives : la douceur et la moiteur de l'élément liquide.

Robinson devient dépendant de la souille : elle l'attire inéluctablement vers elle tous les jours, comme une drogue si douce, alors même qu'il sait qu'il y perd son « âme ». Il y frôle la mort et la folie jusqu'au jour où une hallucination très forte lui fait prendre conscience du danger qu'il court. Il décide alors de sortir définitivement de la souille et de reprendre en main son destin. C'est alors le pouvoir absolu du Moi qui commence, l'écrasement total du Soi, vécu comme diabolique, la domination extrême du conscient sur l'inconscient, le règne de la volonté, de la détermination, du contrôle. Le Soi est annulé très violemment. Robinson entre dans l'ère de la toute-puissance.

Le renforcement du Moi

Jeffrey, vers 25 ans, décide lui aussi d'annuler ses états dépressifs et de sortir de la souille. Il passe de l'impuissance à la toute-puissance, s'impliquant totalement dans la recherche de la réussite, sacrifiant à son image, donnant le pouvoir à son *Moi**, écrasant totalement le *Soi**. Il n'y avait dès lors plus aucune place pour cette part de lui, souffrante et dépressive, qui en était réduite à se manifester, comme elle pouvait, à travers la souffrance du corps et les *somatisations**. Cette étape va durer dix ans, jusqu'à 35 ans, quand Jeffrey commence une première thérapie, qui le conforte dans ses ressources sans faire suffisamment la place à sa part dépressive et souffrante et, ce faisant, le ramène dans la toute-puissance !

Les thérapies qui travaillent à renforcer le *Moi** ne sont pas forcément écologiques ! Si c'est pour augmenter le clivage, la coupure d'avec le *Soi** souffrant, ce n'est pas réellement une aide. C'est comme remettre une couche de peinture sur un mur couvert de salpêtre, sans se préoccuper d'assainir l'intérieur du mur. Un thérapeute ne devrait jamais aller dans le sens de la guérison simple du symptôme, si c'est au prix d'augmenter, de renforcer la coupure avec soi. Même en thérapie brève, on peut stimuler le patient à écouter, entendre sa souffrance, à aller voir et sentir cette part de lui qui va mal, parce qu'elle a mal, c'est-à-dire à s'associer plus à soi, à être plus en lien avec soi, même si cela n'est pas forcément agréable de se laisser sentir sa douleur. Beaucoup de thérapies qui renforcent le *Moi** et stimulent *l'affirmation de soi**, contribuent à couper le patient de son *Soi**, de son essence et donc à renforcer l'illusion qu'il va bien.

L'évitement de la dépression, une illusion protectrice

Même s'il est courant de penser que l'évitement de la dépression est une situation protectrice et confortable, nous découvrons, grâce à l'histoire de François et de Jeffrey, qu'il n'en est rien. Cette protection apparente est en réalité une défense qui nous donne l'illusion de la sécurité et du bien-être. Nous y tenons parce que la dépression nous fait peur. Nous ne pouvons cependant pas continuer indéfiniment à ne pas vouloir prendre en compte cette part de nous qui souffre, à faire comme si elle n'existait pas. Lasse d'être ainsi méconnue et annulée, tôt ou tard elle va s'exprimer, se manifester par notre corps et par toutes formes de *somatisations**, légères d'abord puis plus graves si nous n'y prêtons pas attention, parfois aussi par l'entrée soudaine et brutale dans la dépression. Le mur de défenses que nous avons bâti contre nous-même craque un jour et nous voici face à face avec notre dépression. Nous ne pouvons plus alors rester dans le déni, sauf à courir de grands risques : force nous est de reconnaître la réalité de notre souffrance.

Tant bien que mal, nous voici confronté à une nouvelle étape : nous pouvons désormais nous donner le droit de sentir la dépression et déjà nous questionner sur son origine.

CHAPITRE 2

LE DROIT À LA DÉPRESSION : SORTIR DU DÉNI

Au programme

- Mettre au jour les racines de la dépression
- Découvrir les causes actuelles de notre dépression

Sortir du déni de la dépression et accepter de se laisser ressentir des émotions et des sensations douloureuses est déjà un changement important. Aussi inconfortable et difficile que soit cette nouvelle situation, elle signifie que nous cessons de nous barricader contre nous-même. Nous sortons de l'illusion d'aller bien et commençons à contacter notre véritable réalité intérieure. Nous nous donnons ainsi la possibilité de prendre en compte la difficulté et les souffrances de notre vie présente et peut-être aussi de notre vie passée, sans les sous-estimer. Nous nous ouvrons à nous-même un espace de soin et de guérison.

La première étape de ce chemin, lorsque nous prenons conscience de notre état dépressif, est de nous interroger sur ses causes. Elles peuvent être multiples, liées aux épreuves de notre vie d'enfant dans le passé ou à celles que nous vivons dans notre vie d'adulte aujourd'hui, sur le plan affectif, professionnel ou social.

Mettre au jour les racines de la dépression

La part de la petite enfance

La lutte inconsciente contre la dépression remonte parfois à la petite enfance.

C'est là déjà que certaines personnes ont appris à se couper de leurs émotions douloureuses – la tristesse, la colère, la peur, le chagrin, le sentiment de solitude ou d'abandon – en suivant le modèle de leurs parents ou parce que c'était une stratégie inconsciente de survie. Toute personne fait le meilleur choix possible, à un moment donné de sa vie, étant donné la situation et les ressources dont elle dispose à ce moment-là. Ce présupposé de la PNL *(Programmation Neurolinguistique)** nous invite à nous considérer avec plus de compréhension et de bienveillance, même si nous savons combien ce choix du passé a pu être limitant. Il nous a permis de vivre ou de survivre en étant reconnu par nos figures parentales. Ne plus sentir, et éventuellement aussi ne plus penser à ce qui fait si mal, permet de vivre dans une légèreté apparente en évitant tout sentiment de mal-être, tout sentiment dépressif.

Mais, ce faisant, on apprend peu à peu à se couper de la part de soi sensible, vulnérable, celle qui justement pourrait ressentir la dépression à certains moments. L'énergie vitale, nous l'avons vu, est alors investie, voire surinvestie, dans l'action (hyperactivité), dans la pensée (hypercérébralité) ou dans les conduites addictives et les dépendances affectives.

L'état de dissociation

Cette coupure d'avec soi-même est parfois très profonde et totalement inconsciente. Elle se manifeste par une *dissociation** plus ou moins marquée : la personne est beaucoup « dans la tête » ou « dans le faire », très investie dans le conscient, plus ou moins coupée de sa sensibilité et de sa sensorialité, de son corps, de sa créativité et des ressources de son inconscient.

Dans cet état de *dissociation**, on ne peut ressentir la *dépression** ; on la pressent, mais on lutte contre elle, on s'efforce de ne jamais laisser émerger cette part de soi – qui est peut-être là depuis des années – car ce serait trop douloureux. Il est vrai que pour l'enfant ou l'adolescent du passé, cette stratégie inconsciente de se couper de la souffrance a été le meilleur choix possible parce que l'enfant avait des ressources limitées. Mais aujourd'hui, la personne adulte a la capacité de traverser les situations doulou-reuses. Elle peut se laisser contacter ses émotions sans être submergée par elles, elle peut les reconnaître, les nommer, leur donner du sens, les relier aux situations ou aux événements présents ou passés, aux comportements d'autrui. Elle peut comprendre comment ou pourquoi les choses se passent ainsi, prendre sa responsabilité dans ce qui arrive et aussi rendre à chacun ce qui lui appartient.

À noter

L'adulte a donc la possibilité de reconnaître sa part dépressive et de lui faire la place.

Laisser s'exprimer sa part dépressive

Peut-être, comme François après son infarctus, l'adulte va-t-il remonter ainsi aux racines de sa dépression, dans sa petite enfance. Après avoir frôlé la mort de si près, François fit le choix, cette fois, de se remettre vraiment en cause et d'ap-prendre à vivre autrement.

L'acceptation de François

François accepta de commencer à s'écouter, écouter déjà ses besoins physiques, et il changea son mode d'alimentation, son hygiène de vie, son rythme de travail. Écouter ses besoins émotionnels : ses désirs, ses sentiments. Écouter ses besoins spirituels : qu'est-ce qui était vraiment important pour lui dans sa vie d'aujourd'hui, quelles valeurs, quel sens voulait-il donner à son existence, quelle place était juste pour lui dans le monde ? En étant ainsi à l'écoute de lui, François découvrit progressivement une part de lui terriblement triste, terriblement seule, une part dépressive que, au fond, il reconnaissait être en lui depuis des années mais contre laquelle il avait toujours lutté, ne voulant ni la voir, ni l'entendre, ni la sentir. Il se représentait cette part dépressive comme le petit garçon qu'il avait été autrefois et qui, à 4 ans, avait perdu sa mère. Son père lui avait appris à être fort, à être courageux, à surmonter la douleur, à surtout ne pas pleurer, ne pas sentir le chagrin, ni l'abandon, ni la solitude. En faisant la place aujourd'hui, à l'intérieur de lui, à cette part-là, François commençait à se réconcilier avec lui-même. Il recréait le lien avec l'enfant d'autrefois. Il accueillait avec bienveillance le petit François. Il découvrait avec étonnement qu'en faisant ainsi la place à cet enfant dépressif qui n'avait jamais eu le droit de sentir ni de montrer sa dépression, il faisait la place en lui à une part sensible. Il ne se connaissait pas cette part, pleine de sentiments, pleine de sensations. Cette part de lui était capable d'émotion profonde, de s'émerveiller, de goûter les plaisirs simples de la vie ; elle aimait flâner, avoir des temps de solitude. Mais elle avait envie aussi de créer avec les autres des liens plus profonds, plus chaleureux, plus aimants.

Pour François, ce fut assez facile de retrouver le contact avec cette part dépressive qui était restée petite, en quelque sorte, figée dans l'extrême douleur du petit garçon de 4 ans qui avait perdu sa mère. La proximité de la mort dans sa vie d'aujourd'hui l'avait sans doute fortement motivé à transformer en profondeur sa façon de vivre et sa relation à lui-même. Peut-être aussi n'avait-il pas été trop malheureux dans son enfance, malgré cette grande perte, car son père l'avait aimé et s'était beaucoup occupé de lui.

Le sentiment d'exclusion

Mais parfois la vie de certains enfants est si difficile, sur le plan émotionnel et psychologique, parfois aussi sur le plan physique et matériel, qu'ils ont la sensation, le sentiment – dont ils prennent conscience beaucoup plus tard –, qu'ils n'ont pas leur place dans cette famille : ils sont de trop. Parce qu'ils n'ont pas été désirés ou parce qu'ils représentent une charge trop lourde, difficile à assumer quand les conditions de vie de la famille sont pénibles, ou quand la mère est dépressive, débordée, le père absent. Quand un enfant ressent ainsi, intuitivement, qu'il n'a pas sa place, il développe probablement la croyance inconsciente qu'il est rejeté, exclu. Pourtant, il faut bien survivre, dépasser cette souffrance terrible et permanente, ce désespoir qui est souvent vécu dans la solitude et qui engendre une dépression profonde liée au sentiment de non-appartenance.

À noter

| Le besoin de se sentir appartenir à une famille ou à une communauté est vital.

Le manque de lien

Cette insuffisance de lien est parfois subtile, souvent cachée, dans l'enfance et à l'âge adulte, sous des apparences sociales trompeuses qui vont à l'encontre de ce que la personne vit intérieurement. La dépression est bien là, enfouie, cachée, tapie tout au fond, mais elle n'a pas le droit de se montrer. Le changement consiste alors à se donner le droit à la dépression, c'est-à-dire à sortir de cette image où « tout va bien depuis toujours » et où « tout va bien tout le temps ». Faire la place à cette part de soi sur laquelle on a mis le couvercle pendant tant d'années et qui est une part très douloureuse. C'est le cas d'Edwige, pour qui la dépression profonde venait probablement de l'absence d'amour qu'elle avait toujours connue de la part de son père et de sa mère.

La dépression d'Edwige

Edwige avait toujours pensé que son enfance avait été heureuse : une famille aisée dans laquelle tout allait socialement bien. Et, dans sa vie d'aujourd'hui, tout allait apparemment bien aussi : cadre dans une grande entreprise, elle aimait son travail et y réussissait bien. Avec son mari, elle avait une relation assez neutre : pas de disputes mais pas de véritable intimité non plus. Leurs deux enfants grandissaient sans histoires. À 38 ans cependant, Edwige commença à éprouver, par moments, un sentiment de solitude et de dépression, inhabituels car sa vie était bien remplie. En même temps, elle commençait à remettre en cause le bonheur apparent de sa vie passée et même celui de sa vie présente !

Edwige avait construit son identité en développant son *Moi** et en excluant le *Soi**. Elle attachait une grande importance à l'image et aux apparences. Elle entretenait l'illusion qu'elle était heureuse ! Son inconscient lui offrit l'opportunité de sentir le manque d'authenticité de sa façon de vivre.

Selon les recherches de Pamela Levin[3], analyste transaction-nelle américaine, nous passons par un cycle de renaissance tous les six ans et demi environ : 13, 19, 26, 33, 38 et 39 ans, 45, 52, etc. À ces périodes-là, nous sommes plus enclins à entrer dans de nouvelles étapes, personnelles et professionnelles, plus réceptifs au changement. Il est important alors de nous donner la permission d'être encore plus proche de nous, de construire

---

3. Pamela LEVIN, *Les cycles de l'identité*, InterÉditions, 1986.

notre identité dans une plus grande justesse et une plus grande ouverture à la vie. À 38 ans, Edwige sut s'orienter dans cette nouvelle direction.

La thérapie d'Edwige

Elle éprouva le besoin d'aller plus avant dans cette recherche sur elle-même et décida de commencer une thérapie. Peu à peu, au fil des mois, elle commença à sentir combien elle était, au fond, une femme très solitaire, au-delà du tourbillon professionnel et social dans lequel elle était prise. Quand elle n'allait pas bien, à qui pouvait-elle se confier ? À personne... Son mari ne l'écoutait pas et n'était occupé à lui parler que de ses propres difficultés professionnelles, ses amies étaient des femmes hyperactives et débordées, ses enfants étaient trop jeunes, et puis il lui revenait en mémoire combien elle avait souffert, autrefois, de recevoir les confidences de sa mère au sujet de ses problèmes de couple, autant ne pas recommencer !

Elle était confrontée à sa solitude, qui s'accompagnait maintenant d'un sentiment de tristesse profonde, parfois de désespoir, de détresse, qui paraissait excessif, disproportionné en tout cas par rapport à ce qu'elle vivait dans le présent. Peu à peu, le voile qu'elle avait mis sur son passé se déchira et elle retrouva des images d'abord, puis des sensations et des émotions de sa vie d'enfant. Elle découvrit avec stupeur la petite fille solitaire qu'elle avait été en réalité, au-delà des apparences où « tout allait bien » : une enfant que personne ne voyait, que personne n'écoutait, que personne ne touchait. Sa mère n'avait ni le temps, ni l'envie sans doute, de s'occuper d'elle. Son père était très pris par son travail. Il avait fallu que, toute petite, Edwige apprenne à se débrouiller seule, à jouer seule, à s'occuper d'elle et elle était devenue très vite une petite fille raisonnable, sérieuse, sur qui « on pouvait compter », responsable. En réalité, elle découvrait combien elle avait été solitaire, délaissée et combien elle avait dû apprendre à assumer et à assurer pour survivre ! Dans sa vie d'enfant, il n'y avait eu que peu de lien. Dans sa vie de femme, aujourd'hui, il n'y avait pas non plus de lien véritable, sauf avec ses enfants.

Edwige prend conscience qu'elle était autrefois une enfant dépressive, qui avait tout mis en œuvre pour ne pas sentir ni montrer sa dépression. Elle découvre la solitude et la souffrance de la petite fille qu'elle était et combien elle avait eu du courage pour survivre en faisant inconsciemment le choix de se montrer forte.

La prise de conscience d'Edwige

Contacter ainsi, dans son cœur et dans son corps, la souffrance de cette enfant et sa détresse, était douloureux. Elle découvrait les abîmes de dépression dans lesquels elle avait été plongée et dont il lui avait fallu sortir. À quoi bon tout cela ? Sa vie d'aujourd'hui lui apparaissait maintenant fade, fausse, ennuyeuse, dépourvue de sens. Qui pourrait maintenant la voir, l'écouter, la toucher, lui donner cet amour, cette présence qui lui avaient si cruellement manqué ? Elle découvrait progressivement que personne ne pourrait le faire car son attente d'un père et d'une mère aimants était si forte que personne, ni ses amies, ni son mari, ni aucun autre homme, ne pourrait la consoler. Il y avait en elle des abîmes de manque, de frustration et d'isolement. Elle sentait combien, dans sa vie présente, elle se vidait de son énergie et entrait dans la dépression, comme si une faille, soigneusement calfeutrée pendant tant d'années, s'était soudainement ouverte et devenait une béance.

Cette ouverture à la dépression est-elle bien nécessaire ? À la lecture de ce récit, nous sommes en droit de nous poser la question : n'était-il pas préférable pour Edwige de garder ses illusions et sa vie de façade ?

Personne d'autre, je crois, que celui ou celle qui est concerné, ne peut répondre à cette question. C'est la liberté et la responsabilité de chaque être humain. Vaut-il mieux rester dans l'illusion ou affronter la vérité de sa vie ? Que voulons-nous pour nous-mêmes ?

Les liens toxiques

La dépression de certains enfants est la manifestation du caractère déplacé et toxique que leurs parents entretiennent avec eux, en les considérant inconsciemment comme des objets dont on peut user et abuser. Ainsi, Judith, enfant unique, avait été en quelque sorte prise en otage par le couple de ses parents, qui s'accrochaient chacun à elle dans leur difficulté à exister. Pour le père, cela avait même été, à certains moments, jusqu'à des jeux incestueux avec sa fille. Pour survivre à la honte de soi, la petite fille d'alors fit le « meilleur choix possible » : celui de la *dépression** (et, en même temps, du *déni** de la dépression) et de la coupure d'avec son désir et tout ce qui était relié à son corps.

Témoignage de Judith

« L'expérience de la dépression remonte à ma petite enfance. J'ai toujours vécu mes parents comme accrochés à moi : ma mère, toujours déprimée, qui n'habitait pas son corps, qui était ailleurs, et qui ne m'a jamais touchée. Mon père, qui était comme cassé en deux, avec une partie dépressive cachée et une image gaie, joyeuse, pleine d'humour et qui, lui, m'a trop touchée.

La dépression était liée au fait de ne pas pouvoir communiquer, de ne pas avoir de place ou une place dangereuse. Ma mère, en effet, ne prenait pas sa place et me laissait seule avec mon père. Rien ne pouvait être dit. J'étais mutique. J'avais honte de mon corps et du plaisir du corps. La dépression était inscrite à l'intérieur de mon corps et elle était interdite. J'étais comme un loup qui hurle à la lune et qui appelle une aide d'ailleurs. J'avais la croyance que je devais me débrouiller seule, avec la lune là-haut.

La dépression, c'était la mort, le moment où tout s'arrête. La petite fille que j'étais s'est dit : "Si je reste statique, sans bouger, c'est la mort." Le corps doit bouger pour soulager la tension. Alors j'ai appris à bouger, à tellement bouger que je ne m'arrêtais jamais, et à faire bouger les choses pour les autres.

Ma croyance, adulte, c'est que c'était moi qui devais faire bouger les choses. Ça dépendait de moi. Alors, j'étais très active.

Le corps de mon père était comme resté à l'intérieur de moi. Me séparer du corps de mon père, c'était toucher la dépression. La dépression, je la traînais dans mon corps, comme un truc caché, et je m'étais fabriqué un masque pour ne pas la voir et que les autres ne la voient pas. On pouvait la voir un peu quand même à travers mon côté boulimique et à travers la maladie (qui me permettait de dire : "Vous voyez, je ne vais pas bien"). Le deuil était impossible, informulé, juste somatisé, enfoui à l'intérieur du corps. »

Nous verrons, au chapitre 3, comment Judith a pu guérir de cette dépression qui existait depuis si longtemps et dont elle n'avait jamais pu prendre conscience.

Certains enfants sont des enfants martyrs physiquement et/ou psychologiquement. Personne ne s'en aperçoit parce que les apparences sont socialement sauvegardées. Il peut arriver que l'un des parents soit extrêmement pervers, voire sadique, et que les enfants soient sous son emprise totale parce que l'autre parent est absent ou démissionnaire, inconscient de ce qui se passe et laissant faire. L'enfant est alors totalement écrasé, victime soumise à son bourreau, sans possibilité de comprendre ce qui se passe et trouvant tout cela normal au fond, parce qu'il n'a pas la possibilité d'avoir du recul et parce qu'il entend sans arrêt que c'est lui qui est mauvais et méchant.

La dépression ou la non-vie

La conscience de la *dépression**, là aussi, peut se révéler tard, à l'adolescence par exemple, et durer ensuite toute la vie d'adulte, comme nous le montre le témoignage de Marie.

Témoignage de Marie

« J'étais une morte-vivante. Pendant toute mon enfance, j'étais dans une soumission totale face à ma mère. Ma mère avait été elle-même victime d'une histoire familiale imprégnée de dureté et de violence, loyale à un père extrêmement violent. Ce grand-père avait été un homme pieux, lui-même loyal à des valeurs religieuses qui semblaient avoir leurs racines dans les côtés les plus inhumains de l'Inquisition.

De ma mère, fidèle au modèle de son père, émanait à tout moment un tel danger qu'il fallait se soumettre corps et âme pour être dans un minimum de sécurité. Il était dangereux de prendre des initiatives, il ne fallait pas oser. Mon père l'aimait. Il était un homme simple qui, n'ayant pas la possibilité d'accéder aux ressources nécessaires pour exercer une influence bénéfique, baissait les bras devant ce qui était à ses yeux "une force de la nature" face à laquelle il était impuissant.

La première fois que je sentis la dépression, c'était vers 13 ans. À l'école, j'étais toujours première ou deuxième en classe. Je souffrais pourtant de phénomènes que je ne pouvais pas m'expliquer : quand il fallait écrire des rédactions, je me heurtais à des blocages intellectuels, ma concentration tenait cinq secondes, puis il y avait le vide total dans ma tête. Je n'avais plus la maîtrise de mes pensées. Cela m'angoissait, je n'y comprenais rien, je déprimais. Habituée à chercher toujours la faute chez moi-même pour les choses qui n'allaient pas, je n'osais pas me confier et demander de l'aide. J'avais honte. Pour moi, tout cela voulait dire que je ne valais rien, comme ma mère n'arrêtait pas de le dire. Je m'enfermais, je n'étais pas comme les autres.

Les gens voyaient de moi ma part joyeuse, brillante à l'école. J'espérais toujours qu'un jour quelqu'un, un professeur peut-être, se rendrait compte que j'allais mal et qu'il me dirait quelque chose comme "Je vois que ça ne va pas", sans me juger et sans me condamner. J'avais tout le temps honte. Je ne savais plus quoi penser de moi. Avec cette totale incapacité de me concentrer et d'écrire d'un côté, mais des notes excellentes de l'autre côté, je ne savais pas si j'étais brillante ou nulle. Ma mère, fidèle à ses concepts d'éducation m'enfonçait : "Tu vas voir : ce sera justement le fait que tu décroches de bonnes notes sans un travail acharné et concentré qui causera ta perte. Tu ne sauras jamais rien. Tu ne comprendras jamais rien. Tu n'es rien et tu ne seras jamais rien."

Que pouvait bien être mon avenir ? Je voyais les autres dans la classe avec leurs projets, leurs idées, leur énergie, et moi-même à côté, inhibée, éteinte. Je n'agissais pas, je réagissais, je faisais semblant d'être une adolescente comme eux, pour ensuite me sentir comme une menteuse face à eux, une dissimulatrice, comme si je trahissais tout le monde en cachant ma misère.

Ma mère me maintenait dans une insécurité permanente. Je ne savais jamais ce qui m'attendait, lequel de mes mots ou de mes actes la ferait basculer dans un accès de violence. Tout était bon pour me punir. J'étais en permanence dans un état d'hypervigilance, tout mouvement de ma part, tout mot, tout acte pouvait être un prétexte pour me rouer de coups. Dès le matin, je rencontrais son regard de haine. Elle semblait prendre du plaisir à me faire des promesses qu'ensuite elle ne tenait pas, comme si ma déception était une jouissance pour elle : "La vie était atrocement dure quand j'étais un enfant. Pourquoi tu vivrais mieux que moi ?"

Je ne valais plus rien à mes propres yeux, j'étais en dessous d'un animal. Les voisins, les gens du village rencontraient la part d'elle qui était capable de respect, de gentillesse, d'écoute ; face à moi elle retombait dans la part d'elle qui ne savait que haïr et m'accabler d'injures. Depuis mes huit ans, elle arrêtait de me toucher.

Je me sentais tellement ignoble et répugnante que j'avais le fantasme répétitif de me suicider en avalant des cachets et de me cacher dans une poubelle pour être ramassée avec les ordures.

D'une part, ma mère me rejetait, d'autre part, elle ne pouvait pas se passer de ma présence. Elle exerçait un contrôle total sur mes mouvements. Elle me faisait comprendre que ma présence lui était indispensable, que je lui devais d'être à ses côtés. Pendant toutes les années de ma scolarité, pendant que je tentais désespéramment et en vain de me concentrer sur mes devoirs, elle me parlait de sa souffrance d'enfant battu, de sa souffrance de femme mariée à un homme faible, de ses souffrances physiques, des déceptions de sa vie dont moi j'étais la plus cruelle. Mon monde d'enfant et d'adolescente me semblait insignifiant face à ce monde de femme en souffrance.

Je me sentais débordée et impuissante. Il m'était impossible de me rebeller face à une souffrance qui me paraissait si grande. En outre, dans les pires moments elle me rendait responsable de ses malheurs. Comment garder l'esprit sain devant toutes ces incohérences ? Comment faire confiance à ma perception de la réalité ?

J'étais prête à tout faire pour que ma mère se sente un peu mieux et, en même temps, je me méprisais pour ma soumission.

Ma dépression était cela : je ne savais pas qui j'étais, j'étais incapable de mettre des mots sur ce que je ressentais, sur ce que je pensais. Je n'aurais pas pu dire quelles étaient mes qualités. Je n'avais que des défauts. Presque toute la première partie de ma vie était assombrie par ces états dépressifs : inertie, inhibition, paralysie de l'énergie vitale, de l'énergie sexuelle, peu de lien entre les idées et leur réalisation par l'action. Je ne construisais pas ma vie, je la subissais. De la même façon que je subirais plus tard mes dix ans de mariage avec un homme violent. Je ne sais pas si j'aurais survécu sans la thérapie. Faire l'expérience d'être acceptée, écoutée avec bienveillance, crue, soutenue dans la découverte de mes ressources, accompagnée et encouragée à chaque étape de reconstruction, ressentir la solidarité des autres personnes avec lesquelles on chemine en thérapie de groupe – c'étaient des expériences qui me faisaient renouer avec la vie, qui m'aidaient à libérer des forces insoupçonnées pour être enfin la créatrice de ma vie.

Comment résister à cet art consommé de la manipulation, du mensonge, de la *dévalorisation** permanente et gratuite ? La victime d'une personnalité *narcissique perverse** ne peut qu'entrer progressivement et inéluctablement dans la *dépression**, si elle n'est pas aidée par des personnes compétentes. Elle se sent dans l'insécurité permanente, intrusée, violée dans son esprit, son cœur et son âme. Face à toute cette horreur vécue quotidiennement, Marie a fait « le meilleur choix possible » pour survivre : la *soumission** totale et la dépression. Elle s'est construite de cette façon, dans l'incapacité complète à voir clair et à réagir.

Personne n'était là pour l'aider, pour l'écouter, pas même son père. Il n'est donc guère étonnant, tant cet état de *soumission** lui était familier et naturel, qu'elle ait choisi un mari qui ressemblait à sa mère et qu'elle soit restée encore quelques années dans la *dépression** et l'acceptation de la *maltraitance**. Mais le message d'espoir qu'elle nous donne, en nous offrant ainsi l'histoire de sa vie, est très fort : même si nous avons vécu l'horreur, même si notre dépression est très ancienne, nous avons les ressources pour la traverser : elle ne fait pas partie de notre *identité**, de qui nous sommes. L'empreinte du passé, et toute la souffrance qui y est reliée, n'est pas irréparable. Notre *inconscient**, puits de ressources infinies[4] nous guide à protéger la vie en nous, à la faire croître, si nous savons l'écouter et lui faire confiance. Il nous guide à guérir définitivement, à croire en nous et en la vie.

À noter

Bien souvent, la dépression prend ses racines dans le passé et certains enfants sont dépressifs sans que leur souffrance soit reconnue et prise en compte.

Mais la dépression ou les états dépressifs sont là aussi dans notre vie d'adulte, liés aux difficultés de notre vie professionnelle, affective, sociale.

---

4. D'après Milton ERICKSON*, psychiatre et fondateur de l'hypnose ericksonienne.

Il n'est pas nécessaire alors de rechercher leurs causes dans le passé, mais plutôt de prendre conscience de ce qui, dans notre vie présente, les génère afin d'y apporter du soin.

Découvrir les causes actuelles de notre dépression

Nous avons tous une part potentiellement dépressive ! Il y a en nous une part qui peut sentir et vivre la *dépression** ou un état dépressif, à certains moments, dans certaines situations, à certaines étapes de la vie.

Quels sont les signes d'un état dépressif ?

On trouve des signes intellectuels tels qu'une difficulté de concentration, une incapacité à rester disponible intellectuellement, des failles de la mémoire, des difficultés d'ordre psycho-moteur : de la fatigue, une inhibition de l'action, l'envie de se remettre (ou de rester) au lit. On trouve également des émotions comme la tristesse, la douleur, accompagnées d'anxiété, d'angoisse. Mais aussi du découragement, un désintérêt de plus en plus grand pour tout ce qui était intéressant ou stimulant auparavant, la perte du désir sexuel et du désir de vivre, une profonde *dévalorisation de soi** et de ses talents.

C'est, au fond, comme si l'envie et le plaisir d'être vivant n'étaient plus là, comme si nous étions coupés de notre sève vitale. Cela peut aller jusqu'au désespoir, à la *perte de confiance en soi** et en la vie, aux idées suicidaires : « À quoi bon, à quoi bon faire et aussi à quoi bon vivre ? » Cette coupure d'avec soi-même entraîne le repli sur soi et l'enfermement.

La dépression n'a pas toujours sa cause dans le passé. Elle peut survenir quand notre mode de vie est trop difficile, éprouvant, contraignant.

L'excès de pressions

La société nous soumet à toutes sortes de *pressions** et la *dépression** est parfois la manifestation d'une part de nous qui n'en peut plus d'être sous pression sans arrêt : sous pression parce qu'il y a toujours quelque chose à faire et que nous n'avons pas le temps de souffler, de respirer. Nous sommes surmené, épuisé, dans l'impossibilité ou l'incapacité de poser des limites, de dire non, c'est-à-dire au fond, de nous dire oui à nous-même et de retrouver notre propre rythme. Il peut nous arriver d'être véritablement esclaves d'un mode de vie – professionnel et personnel – qui ne nous convient pas ou ne nous convient plus, mais nous ne savons pas dire « stop ». Quelquefois, cette limite ne nous paraît plus possible à poser tellement nous nous sommes mis – ou laissé mettre – progressivement et sans en avoir conscience, dans une situation inextricable. Alors, l'arrivée de la dépression peut nous sauver, nous obliger à nous arrêter, à interrompre cette pression permanente et infernale, à prendre le temps de sentir nos émotions et nos sensations et de réfléchir à notre vie.

La *dépression** peut ainsi nous protéger d'une maladie plus grave, voire mortelle, quand nous n'en « pouvons plus de vivre comme ça ». Écoutons les mots littéralement !

Les maltraitances engendrent la dépression

La dépression peut être causée également par des *maltraitances**, des violences physiques et morales que nous subissons de la part des autres, au sein même de notre famille ou dans nos relations de travail et dont nous ne savons pas nous protéger.

Ainsi, toutes les formes possibles de *harcèlement** moral dans lesquelles nous subissons, peut-être quotidiennement, les critiques, les moqueries, les dévalorisations, les diffamations d'autrui, voire les injures et les menaces, toutes sortes de violences morales, psychologiques, parfois physiques aussi. Ces agressions répétées cassent notre confiance en nous et dans la vie et nous font entrer subtilement et progressivement dans la *soumission** puis la *dépression**.

La maltraitance nourrit le sentiment de culpabilité

Nous pouvons être alors dans un état dépressif permanent dont nous n'avons pas vraiment conscience et qui peut se caractériser, par exemple, par un sentiment de *culpabilité** écrasant parce que celui qui nous maltraite cherche à nous prouver tout le temps que nous sommes bien coupable de quelque chose. En tout cas, coupable d'exister et de faire son malheur ! C'est ce que vit Sophie dans une relation présente difficile avec sa mère.

Témoignage de Sophie

« J'ai 50 ans et, depuis toujours, je me suis sentie coupable parce que ma mère a toujours cherché (et réussi) à culpabiliser l'enfant d'autrefois, mais aussi la femme d'aujourd'hui. Coupable, au départ, de naître (hors mariage) puis coupable, toute ma vie, de ne pas me comporter selon ses désirs. C'est comme si elle cherchait à me couper les ailes sans arrêt. Tout ce que je fais encore aujourd'hui n'est jamais bien. Elle critique tout. Je suis coupable de toutes les décisions que je prends. Je n'ai jamais pu prendre une décision, sans avoir une leçon de morale. Elle se mêle de tout. Quand j'ai commencé à vivre avec mon futur mari, elle a essayé de me convaincre que ce n'était pas un homme pour moi. Il lui arrivait même d'ouvrir mon courrier ! Le sentiment que j'ai, c'est que je ne pourrai jamais satisfaire cette mère, je ne serai jamais ce qu'elle attend de moi.

Aujourd'hui, elle est victime et malheureuse, mais c'est toujours de la faute des autres ; elle nous oblige à en prendre la responsabilité à sa place. Maintenant, c'est mon père qui subit. Avant il prenait la fuite, grâce à son travail. Elle lui renvoie sans arrêt qu'il n'est pas capable. Il n'a jamais son mot à dire : "De toute façon, je me tais, c'est toi qui décides." J'ai pardonné à mon père parce qu'il ne pouvait sans doute pas faire autrement, mais je ne peux pas avoir de contact avec lui : elle est toujours là, entre nous.

Apparemment, c'est elle qui est dépressive ; mais, en réalité, elle rend tout le monde dépressif autour d'elle : elle exporte sa dépression. Il m'a fallu la thérapie pour voir enfin clair. J'en ai versé des larmes et exprimé de la colère et, aujourd'hui, je n'ai plus d'émotions en le disant. J'ai appris à me protéger, à mettre des limites à refuser la culpabilité. C'est ainsi que je suis sortie de la dépression. Mais je dois rester très vigilante : je dois sans arrêt continuer à mettre les limites, à garder la saine distance avec elle. J'ai longtemps espéré qu'elle change, qu'elle reconnaisse sa part de responsabilité. En même temps, j'étais dans la colère. Maintenant, je sais que la colère manifeste encore un lien fusionnel, à la fois la douleur et le désir, l'espoir que l'autre change. Je sais maintenant qu'elle ne changera jamais. Tant qu'elle ne sera pas morte, je ne pourrai lui pardonner parce qu'elle continue à faire trop de mal. Je suis extrêmement attentive à ne pas lui laisser le moindre pouvoir de s'immiscer dans ma relation de couple. »

Quand elle est arrivée en thérapie, Sophie n'avait pas conscience du caractère pervers et destructeur des comportements de sa mère. Elle était sous son emprise et dans l'incapacité de prendre de la distance et de voir les choses avec recul. Elle souffrait de cette situation, mais s'en culpabilisait en même temps, acceptant tels quels les reproches et les dévalorisations permanentes de sa mère.

Le harcèlement conduit à la dépression

La dépression peut être la conséquence directe du harcèlement moral et psychologique exercé par quelqu'un de proche dans notre vie affective – conjoint, parent – ou dans notre vie professionnelle – collègue(s), patron.

Quand une personne, quel que soit son âge, est victime de *harcèlement**, l'emprise du harceleur est si puissante sur elle qu'elle la place dans l'incapacité quasi totale de penser – parce qu'elle génère la confusion –, de prendre du recul par rapport à la situation et d'agir. Cette emprise crée une *sidération** chez la victime, qui la rend totalement vulnérable à l'entreprise de destruction du harceleur, car il s'agit bien de destruction. Ceux qui pratiquent le harcèlement sont le plus souvent des *narcissiques pervers** qui vivent dans la haine d'autrui et d'eux-mêmes. Ils sont incapables de connaître le plaisir et le bonheur d'exister, l'harmonie, la paix et ils ne peuvent, du coup, supporter que les autres soient heureux. Cela leur est insupportable. Ils se plaisent alors à casser, à détruire le bien-être, le bonheur, la réussite de l'autre, y compris parfois de leurs propres enfants, de leur conjoint, de leur subordonné… Cela devient leur objectif premier, leur préoccupation essentielle, le sens de leur vie. Ils sont animés par la rancœur, par la jalousie, par la haine. Ils n'en ressentent aucune *culpabilité**, aucun regret, aucun remords, car ils sont toujours absolument sûrs d'être dans leur bon droit, d'avoir raison et que c'est l'autre qui est mauvais ou malade. C'est toujours l'autre qui est responsable de tout, interminablement fautif et coupable. Eux-mêmes se présentent, socialement comme des personnes bienveillantes, n'ayant absolument rien à se reprocher, totalement innocentes et parfaites. Tout cela crée une grande confusion. Les narcissiques pervers sont passés maîtres dans l'art de *manipuler** les autres, en particulier de se présenter comme étant eux-mêmes victimes de la méchanceté d'autrui !

Il est difficile d'imaginer une telle perversité, un tel sadisme chez un être humain, jusqu'au jour où, hélas, le *pervers** parvient à ses fins : acculer sa victime à l'effondrement, à la totale *perte de confiance en soi**, à la *dépression** et parfois au suicide. Nous pouvons tous être victimes de telles emprises, du jour au lendemain, dans notre vie personnelle ou professionnelle.

Prendre conscience de la violence faite au Soi

C'est la responsabilité du thérapeute que d'accompagner son patient à prendre conscience de la violence qu'il subit dans sa vie d'aujourd'hui quand il vit dans des relations d'emprise, dans sa vie personnelle ou professionnelle. Le pouvoir de ces personnalités *narcissiques perverses** est si fort, elles sont si convaincues qu'elles ont raison, qu'elles sont dans leur droit quand elles exploitent, asservissent, vampirisent autrui, qu'il est très difficile d'y résister. Ouvrir les yeux, comprendre ce qui se passe dans la relation, commencer à prendre du recul, oser dire non, s'affirmer, poser des limites, se protéger et éventuellement prendre définitivement la fuite, est un travail parfois long et souvent douloureux, qui va susciter des émotions variées et intenses comme le chagrin, la peur ou la colère. Il faut du temps pour quitter l'emprise, retrouver ses marques, récupérer son territoire, reconstruire son *identité**.

La *dépression**, liée directement à la force de la relation d'emprise, peut disparaître alors, au fur et à mesure que la personne retrouve son espace, sa liberté et sa créativité.

La dépression : une étape naturelle du travail de deuil

Parfois la dépression survient après une perte ou une séparation dans notre vie présente et elle n'est alors qu'une étape naturelle et nécessaire du processus de deuil. Il s'agit de pouvoir la reconnaître et donc la comprendre, l'accepter et la vivre pour ce qu'elle est : un chemin de croissance et de maturation vers lequel la vie nous pousse. Élisabeth Kübler-Ross[5] a mis au jour et conceptualisé ces étapes du *deuil** que l'on traverse par rapport à la mort d'un être cher.

Nous avons à faire ce travail de *deuil** chaque fois que nous sommes confronté à la perte d'une personne, d'un travail, d'une maison, d'un animal, d'une partie de notre corps, ou à une séparation : divorce, départ des enfants, rupture d'une amitié… Nous devons nous laisser le vivre émotionnellement, douloureusement, jusqu'au bout, pour pouvoir vraiment nous séparer, dire adieu, c'est-à-dire laisser partir cette personne ou cet événement et continuer ainsi à grandir dans l'autonomie.

C'est un travail de transformation intérieure très profond, plus ou moins long, toujours douloureux, comme la traversée d'un désert que l'on fait dans la solitude, mais si on peut saisir le sens de ce processus et trouver du soutien auprès de personnes formées à cet accompagnement, cela facilite le voyage.

---

5. Médecin psychiatre suisse, Élisabeth Kübler-Ross a travaillé à l'accompagnement des personnes en fin de vie, en particulier les enfants cancéreux, et de leurs familles. Elle est l'auteur, entre autres, de *Les Derniers Instants de la vie,* Labor et Fides, 1990.

Quand la perte ou la séparation survient, il y a, en général, un état de choc qui peut durer quelques jours, puis va s'installer la première étape du processus de *deuil**.

Le déni ou le refus de la réalité

À cette étape, la personne est dans l'incapacité de voir, de sentir, de saisir la réalité de la perte. Elle fuit donc la réalité en mettant en place des comportements de retrait ou, à l'inverse, d'hyperactivité. Il s'agit d'une attitude protectrice contre l'angoisse et la douleur ; elle est positive, à condition qu'elle ne dure pas. Si la personne s'installe dans le *déni** et ne se laisse pas sentir ses émotions, le processus de deuil ne peut se faire. Le déni pathologique peut durer des années : c'est le refus de voir et entendre la réalité de la perte et de sentir les émotions qui y sont liées.

Parfois aussi, la personne va trouver tout de suite un « objet » de remplacement en créant, par exemple, très vite un nouveau couple après le départ ou la mort de son conjoint. Elle évite alors d'affronter le travail intérieur du *deuil**.

Quand la personne est prête à sortir du déni et accepte de se laisser ressentir ce qu'elle vit, la deuxième phase peut commencer.

La douleur, le chagrin, la tristesse

Ces émotions sont plus ou moins intériorisées ou extériorisées. La personne est centrée sur la douleur de la perte et totalement absorbée par elle. La frustration est intolérable. La personne disparue (ou la situation) est idéalisée. Puis apparaissent, peu à peu, d'autres sentiments.

Le ressentiment, la révolte, la colère

C'est la révolte contre la vie et son injustice. Colère contre celui ou celle qui est parti. Cette étape, très importante, est nécessaire car, si elle est évitée ou amenuisée, cela peut déclencher de la *culpabilité** ou amener la personne à retourner la colère contre elle-même (pulsions suicidaires) ou contre autrui de façon injustifiée (comportements violents et agressifs).

Cette étape permet déjà de prendre un peu de distance, d'être moins dans l'idéalisation.

L'étape des marchandages

Ici, la personne oscille entre le *déni** et l'acceptation de la réalité : « S'il revient, je ferai un pèlerinage, je me convertirai », marchandage avec Dieu, avec la vie, qui manifeste qu'on ne peut croire encore vraiment à la perte. On espère encore le retour à la situation antérieure.

La dépression

Peut s'ensuivre une étape plus centrée autour de la dépression. La personne se fait de plus en plus à l'idée et à la représentation de la perte, mais elle ne l'accepte pas encore vraiment.

C'est une phase de désintérêt et de démotivation très forte pour soi, pour les autres et pour la vie. Il n'y a plus de goût, de désir, pour faire les choses, voire pour vivre. Le sentiment de solitude, le manque, la sensation d'être abandonné sont présents. La personne a des comportements de retrait, de repli sur soi, de laisser-aller. Elle s'interroge sur le sens de la vie et l'intérêt de continuer à vivre.

L'acceptation dans la tête

La personne dit qu'elle accepte la perte mais elle manifeste plutôt une attitude de résignation que d'acceptation. « Il faut bien que j'accepte. » Il s'agit souvent d'une phase de résistance à la traversée des émotions et la personne aura peut-être à revenir plus profondément à l'une des étapes précédentes.

Ce processus de *deuil** n'est en effet pas linéaire : les étapes peuvent se succéder dans n'importe quel ordre et l'on peut revenir plusieurs fois à l'une ou à l'autre jusqu'à ce qu'enfin, au bout de quelques mois, un an, deux ans, on arrive à la dernière phase.

L'acceptation dans le cœur

Dans la phase d'acceptation, les émotions douloureuses s'apaisent. Peu à peu revient le désir de vivre, de faire des projets, de renouer de nouveaux liens. La personne est prête à dire adieu, à se séparer vraiment, à recouvrer sa liberté. C'est la fin du déplacement du temps passé au présent : le passé, symboliquement, reprend sa place, le présent aussi et le futur s'ouvre.

Ce faisant, la personne a « grandi », gagné en autonomie. Elle a acquis de la maturité, et même de la sagesse. Elle est plus au clair avec ses critères essentiels ; ce qui compte vraiment pour elle. Elle sent de la légèreté car elle a pu laisser partir les fardeaux qui lui pesaient et elle peut garder un lien différent, dans le cœur, avec la personne ou la situation perdue.

À noter

La dépression est donc souvent la manifestation de deuils non finis par rapport à des personnes que nous avons perdues, mais aussi par rapport à des lieux que nous avons aimés et dans lesquels nous ne vivons plus.

Nous mettons beaucoup d'énergie à revivre les souvenirs passés, les moments heureux et la nostalgie, le regret, nous obsèdent, nous empêchant d'être totalement disponible à notre nouvelle vie présente. Le chemin est parfois long qui nous conduit à dire adieu, douloureux aussi, mais libérateur d'énergie.

Témoignage de Laure

« À un moment donné de ma thérapie, j'ai pris conscience que j'étais dépressive parce que mon passé récent était toujours présent, sous forme de regrets. C'est comme si je me raccrochais à lui, à ce qui me semble avoir été de très belles années, avant mon divorce, dans cette maison que j'ai tant aimée. Un jour, j'ai décidé de retourner dans ce village où j'ai vécu avec mon mari et mes enfants. J'ai emmené ma poupée, symbole de mon enfant intérieure[6] et je lui ai fait visiter le village en lui montrant chaque endroit que j'avais aimé – le conservatoire à la création duquel j'avais participé –, en lui parlant de chaque instant de bonheur, en lui expliquant combien j'avais été heureuse ici. J'ai pu exprimer tout ce que ce lieu et la vie que j'y avais menée m'avaient apporté de joies, de satisfactions.

Je lui ai parlé longuement de toutes les parts de moi qui étaient restées dans cette maison, toute l'énergie et la créativité que j'y avais mises, pendant des années, pour qu'elle soit de plus en plus belle. Je sentais qu'une part très profonde de moi, mon essence, s'était réalisée dans ce lieu. Mon enfant intérieure m'a beaucoup aidée dans ce travail douloureux de séparation. Ensemble, nous avons dit au revoir à cette maison, à toute cette vie reliée à l'enfance de mes enfants, aux fêtes que nous y avons souvent données, au jardin tant aimé. Elle et moi, nous nous sommes épaulées : elle m'aidait à dire tout cela et elle réparait quelque chose en se sentant respectée que je lui parle ainsi. Je sentais son émotion et sa fierté. Cela a duré longtemps. Puis j'ai senti que je devais partir et laisser cette maison derrière moi et, juste à ce moment, je me suis rendu compte que les nouveaux propriétaires avaient abattu, dans le jardin, un superbe noyer que j'adorais. C'était le signe pour moi que tout ceci ne m'appartenait plus, d'autres avaient mis leurs marques. Alors la petite Laure et moi avons dit au revoir à cette maison et à la vie qui allait avec. Je me suis sentie plus légère, elle aussi. Sur le chemin du retour qui me conduisait à ma nouvelle vie, j'ai vu se dessiner des images de mon futur et j'ai eu des sensations de sérénité, de détachement du passé, de liberté. »

---

6. La psychothérapie nous conduit à créer un lien aimant et protecteur avec notre « enfant intérieur ». Il est utile que cet enfant soit symbolisé par une poupée ou une peluche, le temps seulement que ce lien d'amour avec soi soit bien intégré.

Le travail de *deuil** donne l'espace intérieur et la liberté de vivre complètement dans le présent. La *dépression** liée aux deuils non finis nous relie toujours au passé et nous empêche de nous sentir complètement vivants et créatifs.

Lorsque, comme Laure, nous pouvons le faire seul, c'est très bien. Si la douleur est trop forte, il est plus sécurisant de le faire dans un cadre thérapeutique, comme nous le verrons au chapitre 5.

Pour certaines personnes, les causes de la *dépression** apparaissent assez clairement. Pour d'autres, elles sont plus subtiles parce qu'elles ne se relient pas à un événement ou une situation, c'est-à-dire un contenu, mais plutôt à une structure : à la façon dont nous avons inconsciemment construit notre identité. La dépression peut arriver alors très brutalement sans qu'il y ait de déclencheur. Elle révèle une annulation inconsciente très forte d'une part de nous vitale et elle nous invite à faire non plus un remaniement de contenu mais un changement très profond dans la structuration de notre vie. Elle nous invite à une métamorphose.

CHAPITRE 3

TRAVERSER LA NUIT DE LA DÉPRESSION ET RENAÎTRE

Au programme

- La dépression : un abîme de souffrance
- La dépression, un chemin de métamorphose
- Traverser la nuit de la dépression et renaître
- La peur du changement
- La dépression ou la perte du lien avec soi, avec le Soi
- Voir, écouter, sentir notre part dépressive
- De quoi a besoin notre part dépressive ?

Plus la dépression est forte et douloureuse, plus, sans doute, nous invite-t-elle à réajuster notre vie, à prendre des décisions, à opérer des changements significatifs. Elle ouvre en nous un espace de renouveau, de métamorphose, que nous pouvons vivre comme une renaissance à nous-mêmes.

La dépression : un abîme de souffrance

Certaines personnes vont mal, très mal, dans leur corps et dans leur esprit, et ne savent pas toujours qu'elles souffrent peut-être de *dépression**. Cela peut durer des mois et des années et les conduire aux portes de la mort ou de la folie. Elles sont dès lors en grand danger et il est impératif qu'elles puissent consulter un médecin – car les médicaments aident à passer les caps difficiles – mais également entreprendre une psychothérapie.

La souffrance dépressive n'est pas inéluctable. Certes, elle marque certaines vies plus que d'autres, mais la guérison est possible. L'un des présupposés de la *PNL** dit que chaque être humain a les ressources pour parvenir à son objectif, c'est-à-dire à ce qu'il souhaite dans sa vie et pour sa vie. Cette traversée de la souffrance peut se faire si on y croit et si on accepte de se faire aider par des professionnels compétents qui sauront stimuler les ressources de vie. Je crois que c'est aussi à l'endroit où nous avons le plus souffert que nous avons nos plus grandes ressources.

Le témoignage d'Élisabeth, qui avait perdu tragiquement sa mère quand elle avait un an, puis connu une enfance difficile, en est une illustration. Dépressive toute sa vie durant, elle put sortir de la dépression, devenir psychothérapeute, réussir sa vie professionnelle et personnelle comme elle le souhaitait et mettre en œuvre activement les ressources qui auraient pu, aussi bien, rester dans l'ombre : nous le verrons au chapitre 5. Les forces de vie ont pu vaincre les forces de mort, pourtant, le combat était loin d'être gagné d'avance ! Voici le début de son témoignage et le récit de sa souffrance.

Témoignage d'Élisabeth

« Autant que je m'en souvienne, j'ai toujours été en dépression, mais je ne le savais pas : j'avais des migraines terribles, à me taper la tête contre les murs, beaucoup d'angoisses, l'estomac serré en permanence. J'avais toujours peur et j'étais nouée de partout : constipation, vomissements, somatisations nombreuses. Je sentais des tensions dans la tête, à toucher la folie. Le seul moyen, pour moi, de ne pas tomber dans la folie, c'était de faire de la gymnastique ; bouger était vital. Je n'avais plus de désir pour rien. J'étais comme morte à l'intérieur. Je prenais des anxiolytiques et des antidépresseurs, mais ça ne m'aidait pas. On ne m'avait pas dit que j'étais dépressive. Je vivotais douloureusement. À la naissance de mon deuxième enfant, même pendant ma grossesse, j'étais seule, toujours en dépression. On aurait dû me dire que c'était profond et qu'il fallait me faire soigner sérieusement.

Je ne savais pas qui j'étais. Je ne connaissais pas mes besoins, mes envies. Je ne me sentais pas dans mon corps. Je ne savais même pas si j'étais jolie ou moche, intelligente ou bête. Ça remonte à très loin tout ça : à l'adolescence, ma mère adoptive a été très méchante avec moi. À 17 ans, je voulais me suicider. J'étais très mélancolique. À l'école, déjà, j'étais toujours en retrait. À 40 ans, j'allais de plus en plus mal. Ma vie était en danger. Il me fallait de la thérapie pour sauver ma peau. La dépression était toujours là, au fond : je ne mangeais plus, je pesais 42 kilos, je perdais mes cheveux. Je voulais me jeter dans le canal Saint-Martin avec mes enfants. »

La *dépression** est une traversée terrible de la souffrance qui semble ne jamais devoir s'arrêter. C'est une épreuve très profonde qui nous appelle à une transformation très profonde aussi de notre être et de notre vie, qui peut être une *renaissance** symbolique.

La dépression, un chemin de métamorphose

La vie est une suite de changements et de transformations qui nous invitent à nous libérer de notre passé pour accéder à notre maturité.

Nous avons à faire le tri dans les valeurs et croyances conscientes ou inconscientes que nous avons héritées de notre famille et qui ont jusqu'alors structuré notre identité. Il peut arriver, par exemple, que, toute notre vie, nous ayons eu l'habitude de prendre les autres en charge, souvent avec beaucoup de générosité et de dévouement. Et peut-être avons-nous appris cela très tôt parce qu'autrefois nous avons dû porter émotionnellement un père ou une mère dépressif, immature, incapable de s'assumer. Nous nous sommes identifié à ce comportement, généré par une intention positive de notre *inconscient**.

C'est l'un des présupposés de la PNL : « Tout comportement est généré par une intention positive de l'inconscient. »

En agissant ainsi, nous nous sommes probablement donné quelque chose de très important et de très positif pour nous, peut-être même quelque chose d'essentiel, de vital comme de nous sentir utile, voire indispensable, reconnus par autrui, de donner un sens à notre vie, de nous sentir exister, d'avoir une place dans ce monde, fût-ce au prix de nous annuler dans nos propres besoins et désirs : l'autre passait toujours avant nous et nous avons pris l'habitude de nous oublier, de ne plus exister pour nous-même mais seulement à travers autrui.

Il nous faut du temps et de la maturité pour pouvoir ainsi décoder le sens de nos actes et nous donner la liberté d'agir autrement. C'est un changement profond parce qu'il touche à la façon dont s'est construite notre *identité** dans notre jeune âge. Il se peut que cela s'accompagne d'une *dépression**, parfois très forte. La vie peut nous amener à faire la place, d'un coup, à une part de nous, écrasée jusqu'alors et pourtant essentielle : le *Soi**. La dépression est alors comme un chemin initiatique qui, à travers l'épreuve, nous conduit à la rencontre de notre être profond et authentique, à une véritable *renaissance**.

Traverser la nuit de la dépression et renaître

Martine témoigne de cette traversée terrible dans la douleur et la solitude, pendant neuf mois. Un face-à-face avec elle-même qui la conduit à une régression archaïque, où elle se retrouve comme un bébé, voire un fœtus, revivant probablement la réalité émotionnelle et sensorielle de sa vie prénatale. Elle a su trouver en elle ce dont elle avait besoin, pour réparer la douleur et le manque, se donnant ainsi naissance à elle-même.

Témoignage de Martine

« C'était en septembre 1992. Douze ans déjà… Le temps s'arrête pendant la dépression. Il faut du temps aussi pour savoir qu'on en est sorti.

Quand ça s'est appelé "dépression" (mon médecin et le psychiatre ont prononcé le mot), j'étais très mal. J'avais la sensation de ne plus savoir vivre. Je ressentais une grande culpabilité d'être en dépression : ce n'était pas bien car, à mes yeux, c'était être fragile, ne pas être à la hauteur.

Mon mari n'a pas cru que j'étais en dépression. Il disait que je me servais de ça. Je vivais avec ma souffrance et ne voulais ni voir ni entendre ce qui se passait autour de moi. Je ne voulais pas mourir, mais je ne pouvais pas vivre. J'avais beaucoup de honte. Je ne voulais pas que mes collègues le sachent et je souhaitais retourner au travail pour ne pas qu'on s'en rende compte. Pourtant, c'était une dépression profonde. Déjà en mai, juin, juillet, j'étais très mal. J'ai appelé alors une amie : "Je ne vais pas bien du tout !". Elle m'a dit : "Viens !". J'ai eu comme un vide. J'ai décompensé. J'étais dans une intense souffrance morale. Je n'avais plus la force pour tenir mon corps et restais allongée dans mon lit. Un vide immense pendant huit jours. Je voulais voir des amis et je parlais nuit et jour. "On a compris que tu allais très mal parce que tu ne voulais pas te laver". Puis nous sommes partis pour l'île de Ré. Au retour, j'ai voulu être hospitalisée, protégée, qu'on s'occupe de moi. Je voulais me retirer du monde, ne plus voir personne, que personne ne le sache. Je souhaitais que mon mari voie le psychiatre parce qu'il ne comprenait rien. À l'hôpital, j'ai voulu être dans l'eau, matin et soir. C'était un besoin vital. Je me mouillais, je me mouillais...

Le déclencheur de tout cela, c'était au mois de mai : j'ai pris conscience que j'aimais un autre homme que mon mari. J'aimais deux hommes. Avec mon mari, j'étais dans un amour fusionnel et dépendant, je l'ai compris avec le temps. La croyance que je n'aimerais jamais que mon mari s'est fortement ébranlée. Ma vie de femme reposant sur cette croyance, je m'étais inscrite dans ma vie d'adulte avec cette certitude. Le choc était terrible.

En sortant de l'hôpital où j'avais reçu beaucoup de témoignages d'amitié, j'ai voulu quitter la maison et je suis allée chez des amis. En octobre, quand j'ai repris le travail, je ne savais plus lire ni écrire et je ne voulais surtout pas que ça se sache. Je me sentais abîmée.

J'ai quitté mon mari en janvier et j'ai vécu seule. Après quinze ans de vie commune, notre couple s'est cassé en trois mois : mon mari me demandait de quitter psychologiquement cet homme que j'aimais, mais je ne pouvais pas. La solitude a été une épreuve terrible.

Je travaillais et je dormais énormément. J'étais sous médicaments. Personne ne l'a su. Je n'avais plus personne autour de moi : j'étais devenue la mauvaise et j'ai effrayé les gens parce que nous étions le couple idéal. Pourtant, j'aurais tellement voulu qu'on me prenne dans les bras, qu'on me console, qu'on entende mon appel : "Aidez-moi à vivre, à dépasser ce que je suis en train de vivre. Je suis malheureuse, je souffre trop. Redites-moi encore qu'il y a la lumière au bout." Ils me le disaient, mais je ne les croyais pas. Je pensais que personne ne pouvait savoir à quel point je souffrais. Personne ne m'a dit : "Je sais ce que c'est."

Le psychiatre m'écoutait. Mon mari a demandé le divorce. Il m'en voulait énormément car, à cause de moi, il perdait toute croyance en l'amour : "Jamais un homme ne t'aimera comme je t'ai aimée." Je l'ai cru. Puis l'homme que j'aimais m'a dit qu'il ne m'aimait pas d'amour. »

Tout s'effondre pour Martine : son couple, son réseau social, ses certitudes, son amour. Elle se retrouve dans une immense solitude. Terrifiant face à face avec elle où personne ne peut l'accompagner. Elle doit affronter, traverser l'épreuve, sans espoir, sans répit, aller jusqu'au fond de l'abîme, frôler la mort, tenter par tous les moyens d'abolir la souffrance. Dénuement total, nécessaire, pour se rencontrer elle-même dans sa vérité, pour trouver la source secrète et mystérieuse de la vie au profond de son être.

La dépression de Martine

« Dans la dépression, j'étais perdue, je ne savais plus vivre. J'ai fait deux tentatives de suicide. Je ne pensais jamais qu'un jour je ferai une dépression. C'était une souffrance terrible, je perdais la croyance en la vie, je n'avais plus la force de vivre. J'étais prête à devenir végétative, à n'être rien. Je ne savais plus qui j'étais. Un ami venait me réveiller le matin et me disait d'aller travailler. Il m'a accompagnée avec son cœur et avec son intuition. Peu à peu, je suis sortie de l'eau. J'ai refait tout un processus de naissance : ma chambre était noire. Pendant des mois, j'ai vécu sans électricité, sans chauffage. Je me lovais sous un gros tas de couvertures. La vie n'avait plus de sens. J'étais totalement dans ma souffrance, mes pleurs, mes douleurs dans le ventre. Personne ne peut se rendre compte à quel point on souffre.

Il fallait que je sois dans la solitude. Si mes amis avaient été trop près, peut-être m'auraient-ils trop maternée. Ils ont eu raison de me dire qu'il y a la lumière au bout du tunnel, même si je n'ai pas vraiment entendu. J'ai fini par trouver en moi ce dont j'avais besoin. J'ai découvert que je pouvais faire confiance au temps : ça ne sert à rien de vouloir guérir trop vite. J'étais dans le déni depuis des années : mon Moi profond était comme un petit pois enfoui sous un tas d'oreillers. Je vivais en surface, au-dessus de mon ressenti. Je n'avais pas confiance en moi. Depuis toujours je faisais tout pour les autres. Je ne m'étais jamais occupée de moi dans ma profondeur.

Il y a ma vie "avant" ma dépression et ma vie "après". Mon inconscient avait besoin de m'emmener là, sinon je n'aurais jamais pu faire tous ces changements. Cela a été un parcours initiatique, mais à quel prix ? C'est étrange qu'il faille parfois aller aussi loin. J'avais mis du temps à construire mon Moi pendant 32 ans, mais il manquait l'essentiel : cet homme que j'aimais représentait en fait toute la part de moi que j'avais enfermée, c'était tout ce que je n'avais pas développé en rencontrant mon mari et que j'aurais peut-être développé si je ne l'avais pas rencontré. J'ai beaucoup souffert, perdu, mais je ne regrette rien. »

S'être laissée aimer cet homme-là, avoir quitté son mari, était nécessaire. Cet homme représentait la part de Martine qui était dans la créativité, le lâcher prise, l'inverse du contrôle, la part bohème, la part artiste, tout le contraire de son mari scientifique. Dans la dépression, Martine s'est autorisée à contacter sa fragilité. Cela lui a permis de mettre à jour la femme qu'elle était, de grandir. Sa dépression a été un passage initiatique vers l'âge adulte.

Ce que Martine a découvert sur elle-même

« Depuis douze ans, j'ai beaucoup développé cette part de moi. Je n'aurais jamais été la femme que je suis aujourd'hui, si je n'étais pas passée par là. J'avais besoin de vivre seule. C'est dur, mais je crois que j'en ai fait le tour. Je ne me croyais pas capable d'être vraiment autonome. Maintenant, je suis capable de faire des choix. Avant ma dépression, j'étais très immature, malgré les apparences dans ma vie professionnelle. C'était mon mari qui s'occupait de beaucoup de choses. Quand j'ai vécu seule, j'ai découvert le matériel du quotidien. J'ai appris à choisir, à décider. J'ai appris à porter ma vie seule. Je crois que je n'aurai plus jamais autant de souffrance. »

La souffrance de Martine est à la hauteur de son déni. Si elle avait été moins dans le déni, elle aurait fait une psychothérapie et aurait été moins seule. Elle aurait aussi moins souffert, moins longtemps. C'est quand on se crispe qu'on retient et qu'on souffre. Si l'on n'entend pas le message de la dépression, on rechute.

Le bilan de Martine

« Dans cette dépression, j'ai appris à ne pas attendre des autres, spécialement de mon mari. Je suis capable maintenant d'aimer un homme pour lui-même, tel qu'il est. Je sais aimer autrement, dans la liberté. Ma dépression aura duré neuf mois. Je l'ai vécue en étant dans le noir et dans l'eau. Je suis sortie de l'eau. C'est une seconde naissance, profondément réparatrice. »

Ce témoignage est très précieux parce qu'il donne l'espoir.

À noter

Quelle que soit la difficulté de la traversée, la profondeur de l'abîme, ce qui compte, c'est de trouver ou retrouver la présence à soi-même, la disponibilité intérieure, le lien avec toutes les parts de soi. Être à l'écoute de soi, découvrir qui l'on est dans son essence, est un chemin de vie, un chemin initiatique.

La peur du changement

La dépression, cette épreuve si douloureuse, ce face-à-face avec la mort, nous appelle à une transformation profonde de notre être et de notre vie.

Mais nous avons des résistances très fortes à cette remise en cause de nous-même car, au fond, elle nous fait peur. Nous sommes si attaché à ce que nous connaissons depuis tant d'années et qui nous est tellement familier : notre mode de vie, nos croyances et nos valeurs, que nous sommes terrifié à la simple idée de faire bouger la moindre pierre de cet édifice. Nous craignons de nous interroger sur la justesse de notre vie professionnelle ou de notre vie affective : est-ce bien là ce qui me convient, ce qui me plaît, ce qui donne du sens à mon action et à ma vie, est-ce bien dans cette activité professionnelle ou dans cette vie de couple-là que je peux me sentir reconnu et m'épanouir ?

Bien souvent, nous évitons de nous poser ces questions par crainte de nous sentir poussé à y répondre et à mettre en œuvre des changements qui pourraient être radicaux. Nous préférons fuir plutôt qu'ouvrir les yeux sur le problème et nous continuons à vivre, tant bien que mal, comme nous l'avons toujours fait, dans la *soumission** à ce que nous croyons ne pas pouvoir changer, dans la passivité quant au sens de notre vie, accrochés au quotidien. Or, notre vocation d'hommes et de femmes, je le crois, est de nous réaliser dans notre humanité et de réussir notre vie, en trouvant notre place dans le monde, là où nous avons envie, et là où c'est juste d'être pour nous. Cette place évolue au fil du temps car nous sommes des êtres de *changement**.

Cette ouverture au changement permanent nous bouscule très fortement à certaines étapes de notre vie et n'est ni facile, ni confortable. Alors nous préférons rester dans ce familier étriqué et rassurant que nous connaissons si bien et surtout ne pas bouger. Le prix à payer pour cette inertie peut être très élevé : états dépressifs chroniques ou grosse *dépression** inattendue.

La grenouille de la forêt et la grenouille de l'océan

Il était une fois la grenouille de la forêt et la grenouille de l'océan. La grenouille de la forêt habite au fond d'une mare, entourée de grands arbres. Elle vit là depuis qu'elle est née et en connaît les moindres recoins. Elle sait à quel endroit trouver les insectes qui la nourriront. Elle fait avec plaisir le tour de sa mare plusieurs fois par jour et elle entretient de bonnes relations avec les autres habitants de ce lieu. Elle aime beaucoup sa vie ici : tout lui est si familier. Elle se sent en sécurité et elle croit sincèrement que le monde s'arrête aux confins de son territoire.

Or, un jour, elle rencontre par hasard une grenouille qui vit au fond de l'océan et qui lui parle de choses étranges. Elle en ressent de la peur, puis cela la laisse perplexe et finalement sceptique : est-ce bien réel ? Elle invite cependant la grenouille de l'océan à venir lui rendre visite. En découvrant la mare de la forêt, celle-ci est très étonnée : comment peut-on vivre dans un univers aussi petit, aussi étriqué ? Comment ne pas étouffer dans cet espace clos, comment ne pas s'ennuyer quand tout est si connu ? Elle invite, à son tour, la grenouille de la forêt à venir la voir.

En arrivant au bord de l'océan quelle n'est pas sa surprise de découvrir cet horizon immense qui s'étend à perte de vue. Elle n'en croit pas ses yeux. Un autre monde que le sien existe-t-il donc ? La grenouille de l'océan lui propose d'aller voir son palais, là-bas, loin dans une île, au milieu des flots. Elles nagent toutes les deux longtemps, longtemps et voilà qu'elles arrivent dans une île paradisiaque. La mer est d'un bleu turquoise, limpide. Le sable très blanc, si fin et si doux, est une caresse pour leurs petites pattes. Le ciel est immense et clair. Un vent délicieusement tiède se met à souffler, comme pour leur souhaiter la bienvenue. La végétation est luxuriante, les arbres sont couverts de fleurs aux mille parfums et l'horizon est, ici encore, plus vaste. De quelque côté que l'on se tourne, rien ne vient arrêter le regard. C'est un monde immense et vierge qui s'offre là, porteur d'une vie plus ouverte, qui est à découvrir, à inventer chaque jour. La grenouille de la forêt regarde ce monde nouveau et merveilleux, sans le voir vraiment. Cela dépasse son entendement, elle ne peut pas croire que ce monde- là, si différent du sien, existe bien. Tout, ici, est si étrange, si extraordinaire. Elle ne peut imaginer qu'elle aussi pourrait vivre là, si elle le désirait. C'est trop beau, inconcevable, croit-elle. Le choc émotionnel causé par cette découverte est si fort qu'elle meurt d'un infarctus.

Quel sens donner à cette histoire qui se termine bien mal, semble-t-il ? Chacun le fera à sa façon. Quant à moi, je crois que nous sommes invités par la vie à quitter notre mare et notre monde familier pour nous ouvrir à un univers plus vaste, à une autre façon de vivre et de voir la vie, plus profonde et plus large, qui est comme une *renaissance**. Mais pour renaître, ne faut-il pas d'abord mourir ? Pour devenir la grenouille de l'océan, nous avons à laisser mourir symboliquement à l'intérieur de nous la grenouille de la forêt avec tout ce qu'elle représente de trop étriqué. Nous avons à ouvrir l'espace en nous, à élargir l'horizon, à découvrir d'autres merveilles. Si nous ne le faisons pas, nous risquons réellement d'en mourir !

C'est l'aventure à laquelle nous invite la *dépression** : nous ouvrir encore plus à la vie en retrouvant un lien profond avec soi.

La dépression ou la perte du lien avec soi, avec le Soi

La *dépression** ne survient pas par hasard dans notre vie. La plupart du temps, il y a un facteur déclenchant comme nous l'avons vu au chapitre 2, mais nous ne vivrions pas ces événements difficiles de la même façon si nous étions resté proche de nous et de la vie en nous. La dépression ne serait-elle pas la manifestation d'une perte du lien essentiel avec nous-même, avec notre inconscient, avec cette part de nous intime et profonde qui s'exprime par nos émotions, par notre sensorialité, notre imagination et notre intuition, par notre corps et qui est notre essence, la source même de la vie et que l'on peut appeler « le Soi », dans la lignée de Carl Gustav Jung et de nombreuses traditions spirituelles.

Cette perte est le signe que nous avons donné trop d'attention et de pouvoir à cette autre part de nous plus consciente : le *Moi**, siège de la pensée logique, rationnelle, de l'*affirmation de soi** et de l'extériorité, de l'action. Certes, notre Moi a besoin de se développer et de se structurer tout au long de notre croissance, puisque c'est lui qui nous donne les moyens concrets de nous adapter à la vie en société et aussi d'exprimer, de manifester notre Soi.

À noter

L'éducation parentale et scolaire privilégie à l'excès le développement du Moi en stimulant les apprentissages faits par le cerveau gauche, au détriment de la croissance du Soi stimulé par les apprentissages opérés par le cerveau droit.

C'est ainsi que les enfants et les adolescents apprennent très peu à sentir leurs sensations et leurs émotions, à les reconnaître, à les comprendre pour pouvoir ensuite les dire, s'il y a lieu, agir avec efficacité et justesse, créer avec autrui des relations claires et satisfaisantes. Or, nos sensations et nos émotions sont le langage de notre corps. Elles sont aussi notre sève vitale. C'est par elles que s'exprime notre inconscient.

Le *Soi** des enfants et des adolescents est très peu stimulé à l'école, si ce n'est dans les activités extrascolaires (peinture, musique, théâtre, etc.), comme s'il était marginal et insuffisamment reconnu comme une part de soi essentielle et vitale. Trop peu de parents corrigent cette distorsion. Ainsi se crée, au fil du temps, une prédominance très nette du *Moi** et de ses valeurs – le dynamisme, l'efficacité, la rentabilité, la volonté de puissance et l'ambition –, au détriment du Soi et d'autres valeurs comme la réceptivité aux autres et au monde, l'empathie, la compassion, l'intériorité. Une éducation juste devrait stimuler l'alliance du Moi et du Soi, l'alliance du conscient et de l'inconscient. Mais lorsque le contrôle du Moi sur le Soi est si grand, la dépression peut arriver brutalement comme un message de détresse du Soi qui n'en peut plus de n'être pas reconnu. C'est ce qui est arrivé à Martine qui, pendant trente-deux ans, avait donné la primauté à son Moi. Plus la dépression était forte, plus était forte aussi l'annulation du Soi.

En ce sens, l'arrivée de la *dépression** est un bienfait. Sans doute l'épreuve est-elle rude ; elle est à la mesure de la violence inconsciente que l'on se faisait à soi-même. Il s'agit alors de ne pas faire la sourde oreille, mais de bien entendre le message. Encore faut-il accepter de regarder la dépression avec d'autres yeux. Elle n'est plus ce diable intérieur, ce mal sournois impossible à dompter qui menace de nous détruire et qu'il faut donc éradiquer le plus vite possible !

Pour guérir de la *dépression** nous pouvons commencer par la voir plus positivement qu'on ne le fait d'habitude, à la réhabiliter en lui donnant du sens : elle est une épreuve initiatique, au sens étymologique du terme, c'est-à-dire qui nous ouvre à un autre commencement, à une *renaissance**. Être à l'écoute de sa dépression permet d'entendre ce qu'elle a à nous dire. À quelle prise de conscience, à quels changements concernant notre vie, le sens de notre vie, notre lien avec nous-mêmes, les autres et le monde nous invite-t-elle ? Peut-être à ne plus vivre « en surface », comme le dit Martine, « au-dessus de notre ressenti », mais à aller à la rencontre de soi, de sa profondeur.

Voir, écouter, sentir notre part dépressive

Et si nous allions à l'encontre du réflexe habituel qui consiste à mettre tout en œuvre, consciemment et/ou inconsciemment, pour lutter contre la dépression, vouloir la faire disparaître, surtout ne pas la sentir, mais nous en débarrasser le plus vite possible ?

Comment serait-ce de prendre le temps de nous arrêter vraiment, arrêter de travailler, de « faire » sans cesse, et de nous retrouver face à nous, face à cette part de nous qui souffre parfois terriblement, et commencer par la regarder – Qui est-elle ? – et l'écouter – Qu'a-t-elle à me dire ? – Prendre ce temps pour soi est difficile dans la vie quotidienne, mais quand la *dépression** est plus forte et qu'elle nous empêche de continuer à travailler et à vivre normalement, nous y sommes contraint, par un arrêt de travail officiel, et c'est très bien ainsi. Qu'allons-nous faire de ce temps « pour nous » ? Ne rien faire justement et aller à la découverte de cette part souffrante ou, plutôt, la laisser se découvrir à nous. Il importe alors de se sentir en sécurité totale, si possible dans un lieu protégé où d'autres peuvent prendre soin de nous, de façon à ce que nous puissions nous mettre en état de réceptivité vis-à-vis de nous, complètement à l'écoute, sans projet, sans *a priori*, et nous laisser tout le temps dont nous avons besoin.

Refuser la soumission : recouvrer sa liberté

Peut-être alors allons-nous découvrir et laisser exister, une part de nous qui n'en peut plus d'être sous pression sans arrêt, parce qu'il y a toujours quelque chose à faire. Il faut toujours travailler plus et, quand le travail est fini, il y a encore tant de choses dont il faut s'occuper à la maison. Une part fatiguée, voire surmenée et épuisée, qui a besoin de se reposer et peut-être, surtout, de retrouver son rythme propre, qui n'est pas celui que lui imposent les autres. Au fond, peut-être vivons-nous depuis des années en nous soumettant au rythme d'autrui. Nous pouvons sortir de la *soumission**, recouvrer notre liberté, ce qui nous appartient, et laisser s'en aller ce qui ne nous appartient pas. Cela peut être un grand travail, qui va commencer par cette prise de conscience émotionnelle et sensorielle que nous ne pouvons plus vivre ainsi parce que c'est nous faire une grande violence à nous-même.

Assez de maltraitance

Nous faire ou aussi nous laisser faire violence, car peut-être allons-nous découvrir que cette part de nous n'en peut plus d'être malmenée ou maltraitée par les autres. De qui sommes-nous l'esclave dans notre vie quotidienne : un patron, des collègues, un conjoint, des parents, des enfants ? Qui nous maltraite ainsi, nous imposant sa loi et sa tyrannie sans respect aucun pour notre liberté ? Qui investit notre espace, notre territoire dans l'intrusion permanente ? Qui exige de nous toujours plus et ce n'est jamais assez ? Qui passe son temps à nous dévaloriser, nous critiquer, nous rabaisser aux yeux des autres, nous calomnier, nous injurier ? Et nous n'osons rien dire, nous excusons autrui, nous minimisons les faits. Cette violence, acceptée et vécue quotidiennement de la part d'autrui, est extrêmement toxique, encore plus si elle est sournoise et se déguise sous des apparences bienveillantes et sympathiques. Être à l'écoute de cette part de nous qui subit tout cela, comme si c'était normal, naturel, ou comme si on n'y pouvait rien, c'est déjà prendre conscience, reconnaître, voir, qu'il s'agit d'une grande violence, que c'est destructeur dans notre vie d'aujourd'hui et que notre dépression est peut-être le signe, le signal que nous n'en pouvons plus, qu'il est temps que cela s'arrête et qu'il nous faut prendre des décisions fermes.

Personne n'a le droit – quel que soit son rôle ou son statut – de nous maltraiter ainsi et nous nous devons à nous-mêmes de nous faire respecter. Il s'agit de retrouver notre espace cette fois-ci et d'apprendre à le protéger, à nous protéger.

Le deuil inachevé

Peut-être encore allons-nous découvrir, en étant à l'écoute de cette part dépressive, qu'elle souffre d'une perte ou d'une séparation, d'un *deuil** non fait ou non fini. Peut-être ne nous sommes-nous pas donné (ou pas suffisamment donné) le droit de sentir la tristesse, le chagrin, la peur, la colère, de sentir et de partager ces émotions, pouvoir les montrer à d'autres et nous sentir compris et accueillis dans ce processus de *deuil**. Cette perte peut être récente ou plus ancienne, voire très ancienne.

La transformation intérieure

Peut-être aussi sommes-nous dans une étape de croissance, de transformation intérieure, de métamorphose et c'est comme la traversée d'un désert, et c'est parfois si long que nous en sommes découragés, nous n'y croyons plus et alors nous risquons de devenir trop sévères, trop intransigeants à l'égard de cette part dépressive : nous lui demandons d'aller bien, de guérir vite, trop vite, alors que justement elle a besoin d'attention, de patience, d'acceptation.

Identifier la part en nous qui souffre de dépression

Comment serait-ce de nous laisser prendre contact, à l'intérieur de nous, avec cette part qui souffre – légèrement ou gravement – de *dépression** ? Cette part de nous qui est peut-être présente aujourd'hui ou bien qui a été là à certains moments de notre vie, dans un passé proche ou lointain et que, nous n'avons jamais vraiment entendue, ni vue, ni sentie ?

Comment serait-ce de lui laisser le temps et l'espace pour se sentir exister, se sentir reconnue, acceptée, savoir peu à peu qu'elle a sa place en nous, toute sa place, même si elle ne va pas bien, justement parce qu'elle ne va pas bien et qu'elle a besoin que nous nous occupions d'elle ?

Qui est vraiment cette part de nous et quelle est sa souffrance ? Regardons et écoutons ce qu'elle ressent : peut-être de la fatigue, de la lassitude, du découragement, de l'anxiété, de l'angoisse, de la peur, de la tristesse, du chagrin, de la douleur morale, une sensation de vide, d'insuffisance, de solitude. Peut-être n'a-t-elle plus confiance en elle, ni dans les autres, ni dans la vie, peut-être même est-elle dans un désespoir, une détresse si profonde qu'elle n'a plus envie de vivre ?

Écoutons ce qu'elle dit : « Je suis impuissante, bonne à rien, je n'y arriverai jamais. Je ne suis pas à la hauteur. La vie est dure, la vie n'a pas de sens. La vie est souffrance… »

Regardons ce qu'elle fait ou ne fait pas : peut-être ne peut-elle plus se concentrer, réfléchir, travailler, être active, faire des projets ?

Comment est-ce, au fond, de laisser cette part s'exprimer et exister ainsi, et qu'elle se sente écoutée, reconnue, comprise, accueillie par nous-mêmes ? Qu'aimerait-elle, cette part de nous, de quoi a-t-elle besoin ?

Peut-être ne nous répond-elle pas tout de suite parce qu'il lui faut du temps pour savoir qui elle est et ce qu'elle veut. Peut-être aussi a-t-elle peur de nous parce qu'au fond nous ne l'avons jamais prise en compte, mais nous l'avons plutôt déniée et dévalorisée. Alors, aujourd'hui, nous pouvons lui faire savoir que nous sommes prêt à prendre soin d'elle, à regarder, écouter qui elle est vraiment dans sa souffrance.

Accepter sa souffrance : une étape
sur le chemin de la guérison

Arrêter de se fermer les yeux et de se boucher les oreilles, faire face à soi, à sa réalité intérieure, c'est déjà le premier pas dans la guérison de la *dépression**. Cela demande du courage car c'est une remise en cause difficile et déstabilisante. C'est ce qu'a fait Jeffrey, à la suite de cette rupture affective brutale qui l'avait fait replonger dans la dépression et le désespoir, comme nous l'avons vu au premier chapitre.

Le chemin de guérison de Jeffrey

« Alors, j'ai repris la thérapie avec le désir d'arrêter d'être confronté à mon impuissance. Mais ce n'est pas ce qui est arrivé. Petit à petit, j'ai pris conscience de ces déplacements dans ma relation avec les autres. Petit à petit, j'ai accepté de faire face à moi, à ce qui est douloureux, dérangeant, difficile, troublant, perturbant en moi. C'est un face-à-face avec moi-même, avec deux parts de moi qui sont séparées : une part protectrice et une part destructrice. Aujourd'hui, je peux voir l'autre comme un miroir d'une part de moi. Il y a une différenciation qui se fait entre autrui et moi. C'est de l'ordre de la confrontation, de l'affrontement entre ces deux parts à l'intérieur de moi, mais aussi de l'ordre de la reconnaissance. Ces affrontements, avant, je les vivais avec l'autre, à l'extérieur de moi.

Petit à petit, j'ai réalisé comment je répondais aux demandes d'aide inconscientes dans mes relations affectives et combien cela était fusionnel et ça détruisait les relations. Aujourd'hui, j'ai mis de côté tout un tas de choses qui pouvaient me couper de moi-même : le sport intensif, la drague, toutes sortes de consommations affectives, sexuelles, de produits, de comportements excessifs... J'accepte d'être plus en contact avec ce qui fait mal, perturbe.

Au fond, il y avait en moi comme de mauvais engrenages d'horloge, un décalage de la grande aiguille par rapport à la petite, un déplacement intérieur. Pendant des années, trois fois par jour, j'ai remis les aiguilles à la bonne place, avec le doigt, pour garder l'illusion que l'horloge marche, plutôt que d'aller regarder à l'intérieur comment une pièce est déplacée et comment on peut la replacer.

J'accepte de sentir la dépression qui est là certains jours. Par exemple, je me dis : "Demain, je vais faire ça". Et le lendemain, je suis dans l'incapacité totale de faire quoi que ce soit. Je suis figé. Je ne peux pas. Il y a dix ans, je me faisais violence quand ça m'arrivait. Aujourd'hui, je peux accepter que c'est comme ça pour le moment. J'arrive à relativiser, à ne plus m'obséder là-dessus, à ne plus me dévaloriser non plus, me critiquer, me déprécier, avec un sentiment d'impuissance, en m'acharnant contre moi. J'accepte que cette part de moi soit là, certains jours, où je n'ai même pas envie de lire, même pas envie d'écouter de la musique. Je suis recroquevillé dans un état fœtal, je m'enroule sur moi et je me laisse pleurer, sentir le désarroi. Cela fait du bien. »

Jeffrey est sorti de la violence qu'il se faisait inconsciemment à lui-même quand il refusait de se laisser sentir la *dépression**. Il est dans la compréhension et l'acceptation de sa souffrance. C'est déjà une grande étape sur le chemin de la guérison.

Judith, dont nous avons déjà parlé, a accepté, accompagnée par sa thérapeute, d'aller écouter et sentir sa part dépressive et de lui apporter des ressources.

Le chemin de guérison de Judith

« M'autoriser à aller dans la dépression, la toucher, la sentir, c'est ce qui m'a permis de retrouver mon énergie vitale, mes désirs. Le jour où ça a basculé, c'est quand ma thérapeute m'a dit : "L'inconscient, c'est ton ami." J'ai su alors remettre à l'intérieur de moi des ressources qui étaient dehors. La lune et les ressources ne sont plus dehors mais dedans. Je sors de la nuit de la dépression.

L'image du loup, c'était la nuit, le refuge. Maintenant, je peux sortir au grand jour. La dépression, c'était le vide, aujourd'hui ça le remplit. La réparation se fait aussi dans le massage où je peux garder les yeux ouverts et parler. Mon corps devient un lieu de jeu sain et non plus un lieu de jeux pervers. Maintenant, je me sens libre de voir les hommes, je suis libre de ma sexualité, de mon désir, je n'ai plus peur. Je retrouve ma parole et mon énergie vitale, le plaisir, le désir de jouer, d'être là, de vivre.

Je ne me sens plus dans l'obligation de répondre à la demande des autres, de les comprendre, de les aider sans limite, au détriment de mes signaux intérieurs. Aujourd'hui, je sais que je ne peux pas aider tout le monde, même si je suis psychothérapeute. Je n'en ai pas forcément l'envie, ni les capacités. J'accepte mes limites. Je tiens compte de mes ressentis. Ma sensibilité n'est plus déniée. Elle est écoutée, reconnue, entendue. Elle est la base de mes positionnements. Il y a aussi le deuil de l'image de moi, de ce surmoi construit pour survivre. Je construis ma vraie sécurité intérieure. »

En nous autorisant ainsi à voir, écouter, sentir notre part dépressive, à ne plus la considérer comme une ennemie contre laquelle il faut se battre, mais comme la manifestation de quelque chose de très intime et de très profond en nous qui n'en peut plus de souffrir, nous allons pouvoir être de plus en plus à son écoute et découvrir ses vrais besoins.

De quoi a besoin notre part dépressive ?

Peut-être de se reposer, d'être en paix, d'avoir du temps pour elle, d'être prise en compte dans ses besoins, ses sentiments, d'être vue, entendue, touchée. Quand notre part dépressive va très mal, elle peut avoir des idées suicidaires et nous avons alors la sensation que tout en nous veut mourir, que la vie n'a plus de sens. Nous perdons le goût, la saveur de la vie et n'avons plus le désir de continuer à vivre. C'est trop dur, trop compliqué.

C'est une grande erreur, même si c'est la tentation naturelle de son entourage et même de son psychothérapeute, que de vouloir convaincre la personne dépressive d'aller vers la vie, la faire s'engager à vivre. Il est beaucoup plus thérapeutique d'aller complètement dans l'écoute de cette part qui a envie de mourir et qui paraît prendre toute la place, de la comprendre, de l'accueillir telle quelle est sans avoir le projet de la changer, de la guérir. En effet, ce dont souffre justement cette part dépressive – et parfois la personne tout entière – c'est de n'être pas complètement reconnue, écoutée, prise en compte dans sa vie. Elle souffre peut-être même de n'avoir jamais connu cela depuis qu'elle existe, de ne s'être jamais sentie acceptée complètement, véritablement accueillie.

Si le thérapeute a cette capacité d'accueil inconditionnel, il va prendre le temps d'entrer en rapport, en relation avec cette part souffrante et désespérée, de créer le lien avec elle, de découvrir son *modèle du monde**, sans aucun projet. Il va pouvoir s'adresser à cette part, lui manifester sa bienveillance, sa compréhension, l'accueillir. C'est essentiel dans le processus de guérison puisque, justement, ce dont souffre cette part-là est de n'avoir jamais été entendue par les autres parts du patient, ni peut-être par les personnes extérieures, de n'avoir jamais eu tout son temps, ni tout son espace.

Ensuite, il pourra l'aider à mettre à jour son « intention positive inconsciente » : « Quand cette part de vous veut mourir, vous pouvez vous laisser sentir, regarder, écouter ce qu'elle veut se donner de bon, de positif pour elle à travers l'idée de la mort, ce qui est vraiment important pour elle, au fond, quand elle a envie de mourir… » Et très probablement émergera alors le besoin d'arrêter de se battre, le désir de trouver la paix, qu'on prenne soin d'elle, de se sentir aimée, accueillie, en sécurité, protégée…

L'ouverture bienveillante à cette part de soi nous invite à créer un lien plus intime et plus profond avec elle. Peut-être pouvons-nous la voir, dans sa lassitude et son découragement, comme un(e) jeune enfant, parfois tout petit, solitaire et désespéré. Il importe alors, une fois mis au jour ses besoins vitaux, d'entreprendre d'y répondre. Ce sera le premier objectif du travail thérapeutique et l'ouverture vers la guérison.

CHAPITRE 4

LE CHEMIN DE LA GUÉRISON : RETROUVER LE LIEN AVEC SOI

Au programme

- Stimuler nos ressources
- Accueillir notre enfant intérieur
- Réparer nos blessures par le toucher du corps
- La dépression : une véritable renaissance
- Développer une nouvelle part de soi : le père intérieur
- L'estime de soi
- L'accompagnement tactile dans la dépression, par Nade Thiéry

À force de prendre le temps d'écouter cette part souffrante et de l'accueillir, nous allons probablement nous rendre compte qu'elle n'occupe pas toute la place : tout en nous n'est pas dans la *dépression**. Il y a bien une part, très importante certes, qui est comme un enfant, démunie, impuissante, désespérée, comme morte, et puis il y a d'autres parts qui peuvent commencer à apparaître, à être stimulées, qui vont apporter de l'écoute, de la bienveillance, du soin, de la protection. Ces parts de soi vont agir à l'égard de la part souffrante exactement comme la bonne mère et le bon père, dont nous avons tellement manqué autrefois et que nous n'aurons jamais.

Stimuler nos ressources

Leur création stimule infiniment de ressources et elle est déterminante dans le travail de guérison de la *dépression**. Pour y contribuer, le thérapeute va utiliser les qualités de son propre parent intérieur – maternel et paternel – afin d'établir un lien avec l'enfant intérieur du patient dans la bienveillance, l'acceptation, la compréhension, l'accueil, le respect, la sécurité et la protection.

Le patient va s'appuyer sur la force de ce lien et la sécurité qu'il lui donne pour émerger peu à peu de la *dépression**, sortir de la solitude, de la détresse, de l'abandon, retrouver l'aptitude à faire confiance, à se laisser aller, à se permettre de recevoir, à accepter que l'on prenne soin de lui. Progressivement, il pourra intégrer ces qualités du thérapeute et les faire siennes, à sa façon, en construisant ainsi, au fil du temps et de la thérapie, ses propres « parents intérieurs » qui prendront le relais du parent intérieur du thérapeute.

Ce travail de stimulation des ressources, dans l'objectif de faire émerger le vivant, peut commencer à se faire assez tôt, si le patient y est réceptif. Ce fut le cas, dès la première séance, pour Élisabeth qui allait mal et était suicidaire depuis longtemps quand elle est venue me voir. Nous l'avions rencontrée au début du chapitre 3.

La mère intérieure d'Élisabeth

« Ce qui m'a donné espoir, c'est la première séance individuelle où tu m'as fait contacter ma "mère intérieure" : je me voyais tout en blanc à m'occuper d'un petit bébé. C'était animé, vivant. Ça a été le déclic, l'espoir, la vie. J'ai senti et j'ai vu quelque chose de vivant à l'intérieur de moi. Je pleurais en te racontant la mort de ma mère, mais déjà tu stimulais mes ressources. Je me voyais à la fois mère et enfant dans une voiture. J'entendais parler, gazouiller. C'est là que j'ai commencé à sortir de la dépression. C'était vivant, chaud, et ça me remplissait. Je retrouvais le vivant en moi : ça bouge, ça parle, c'est plein. Dans la dépression, c'est le vide en permanence. J'ai eu une grande confiance en toi, immédiate, comme innée. Tu avais la capacité de te brancher sur ma souffrance. Alors, j'ai pu me lâcher.

La dépression, c'est la perte du lien, c'est le vide, c'est le froid. J'avais toujours très froid. Dans la suite de la thérapie, j'ai pu exprimer ce froid, ce vide, ma souffrance, mon chagrin, ma solitude, ma détresse, mes peurs, et aussi ma colère, ma révolte contre ma mère, mon père, ma mère adoptive, et même ma haine. Il me fallait une thérapeute qui sache vraiment ce qui se passe, qui avait assez de compassion et, surtout, qui ne lâche pas. J'ai commencé alors à savoir qui j'étais, à voir des choses qui existaient en moi, magnifiques, beaucoup d'images et de sensations. Je vibrais, ce n'était plus le vide. Avec la stimulation de tous mes sens, je le remplissais. Je me sentais exister, vivante, je me découvrais. J'expérimentais physiologiquement la sensation de plein. Je faisais revivre toutes les parts de moi et j'étais passionnée par ce que je découvrais en moi. Je revenais de loin. Il y avait une force de vie, une lumière en moi, qui arrivait, qui venait du fond.

Peu à peu, j'ai osé me montrer, je suis devenue fière de moi. Quand il y avait le vide, il y avait aussi la honte. Je suis entrée dans la réussite de ma vie. »

Élisabeth l'exprime très clairement : pour guérir de la *dépression**, il faut « retrouver le vivant en soi », en faire l'expérimentation, sensoriellement, et que cette part de soi, qui était comme morte, réapprenne à voir, entendre, sentir, revienne dans le courant de la vie. Il ne s'agit pas d'une idée seulement, mais d'un lien concret, sensoriel et porteur d'émotions, avec soi.

Comment créer, recréer ce lien avec soi qui va ouvrir le chemin vers la guérison ?

Accueillir notre enfant intérieur

Il se peut que cette part de nous, que nous sommes en train de découvrir et d'apprendre à regarder autrement, avec plus de bienveillance, nous paraisse assez petite, assez jeune, comme un enfant, un adolescent, voire très petite, comme un bébé. Peut-être est-elle notre enfant intérieur. Et si nous nous donnions la permission de nous laisser voir qui est cet enfant, quel âge il a, quelles sont ses conditions de vie, et peut-être même de nous laisser entendre ce qu'il a à nous dire, de nous laisser toucher par lui ? Peut-être allons-nous découvrir qu'il souffre de solitude, d'isolement, de dépression, depuis des années, tout simplement parce que nous nous sommes coupés de lui (d'elle) en grandissant et que nous n'avons pas su tisser, au fil des ans, ces liens d'amour avec lui comme nous les avons probablement tissés avec nos propres enfants dans la vie quotidienne. Peut-être notre enfant intérieur attend-il que nous puissions créer avec lui une relation réparatrice. Si nous acceptons d'aller à sa rencontre, nous pouvons prendre modèle sur les relations d'amour entre parents et enfants qui existent dans notre entourage. En effet, c'est tout petit déjà que les bébés font l'expérience de la confiance en eux, dans les autres et dans la vie.

L'expérience de la confiance de Noé

Noé a cinq mois. Il a la chance d'avoir des parents aimants, conscients et respectueux de ses besoins, attentifs, à son écoute. Il est manifestement heureux, épanoui, il mange bien, il dort bien. Assis à table, avec les « grands », il rit aux éclats et cherche à capter l'attention de sa mère, un peu trop occupée, à son goût sans doute, par la conversation avec les autres convives. Et quand elle le regarde, il est manifestement ravi, rayonnant, et il lui « parle » et il ne cesse de rire et de la charmer. Et, de fait, elle est charmée, émerveillée de la joie de vivre de ce petit garçon et elle lui répond.

La qualité de ce lien d'amour entre ces deux personnes est profonde, Noé pose ainsi, dans la relation avec ses deux parents, les fondations inébranlables dans la construction de son *identité**, de la confiance en soi, dans les autres et dans la vie.

Détecter la souffrance de son enfant intérieur

Les enfants qui n'ont pas eu la chance d'avoir des parents présents et sécurisants dans un lien continu, stable, sans rupture, sans imprévisibilité, vont avoir des failles, parfois béantes, dans le sentiment, la sensation de leur sécurité intérieure. C'est probablement terrible pour un bébé de ne pas se sentir reconnu et accepté inconditionnellement, pour qui il est, de ne pas sentir autour de lui le plaisir, la joie que son existence procure à sa mère et à son père.

La détresse, le désespoir et sans doute déjà la *dépression** sont alors très vite là. Ils dureront peut-être toute la vie, tant que l'enfant intérieur ne sera pas guéri de ses blessures. Cette guérison est l'un des objectifs essentiels de toute psychothérapie approfondie. Chaque patient va prendre conscience émotionnellement, au fil de la thérapie, de la souffrance de son enfant intérieur et va lui apporter la réparation et les ressources spécifiques dont il a tant manqué autrefois. Cet enfant, dans la représentation que s'en fait le patient, est parfois très petit, tout bébé et même fœtus. L'adulte d'aujourd'hui va apprendre à se laisser toucher par sa détresse et à lui donner, avec tout son cœur, l'amour et la protection qu'il n'a pas suffisamment reçus à cette époque de sa vie. Le patient, homme ou femme, donne ainsi naissance, symboliquement, à son bébé intérieur. C'est comme un travail d'accouchement, très émouvant et régénérateur, un grand moment de la psychothérapie.

C'est ainsi que Denis ressent, dans un groupe de thérapie résidentiel, un désespoir très profond et qu'il pleure comme un bébé qui sait qu'il n'est pas désiré, ni véritablement accueilli.

L'enfant intérieur de Denis

Je lui demande s'il souhaite apporter réparation à son enfant intérieur si petit et si désespéré. Il dit oui. Depuis deux jours, il tenait en permanence, sur son ventre, un petit ours en peluche très doux et coloré. Me fiant à son désir ainsi inconsciemment exprimé, je lui propose d'accueillir avec amour le petit Denis, dès sa vie prénatale et de sentir sa présence à l'intérieur de lui. Spontanément, il place le petit ours sur son ventre, sous son tee-shirt. Et lentement, tranquillement, il se met à retrouver, grâce à l'inconscient collectif (lui-même n'avait pas d'enfant) les sensations et sentiments d'amour d'une femme qui attend un enfant. Je l'invite à se laisser guider par son inconscient pour permettre à son enfant intérieur, dès sa vie *in utero* et tout au long de celle-ci, de se sentir attendu et désiré dans la joie par ses parents : « le grand Denis » est sans doute à la fois dans sa mère et son père intérieurs. Nous le voyons de plus en plus touché, bouleversé par ce lien qui se crée avec son « bébé », conscient qu'effectivement il s'agit bien d'une création.

Durant tout ce travail, Denis est debout, les mains sur son ventre, tenant son « bébé », dans la posture d'une femme enceinte. Il est tellement « associé » à son expérience, la vivant du dedans, qu'à un moment il partage avec le groupe qu'il se sent avoir mal au dos de porter son bébé. Ce travail est à la fois plein de gravité, de profondeur, d'émotion et aussi de légèreté. Le fœtus continue à grandir et Denis ressent qu'il est maintenant prêt à naître. Il le sort avec douceur de sous son tee-shirt et le prend dans ses mains, le regardant et le caressant avec infiniment de douceur et de tendresse. C'est très émouvant pour nous de voir cet homme s'ouvrir et se transformer ainsi dans la découverte émerveillée de ce lien d'amour avec son enfant intérieur. C'est extrêmement bouleversant pour lui aussi, une expérience émotionnelle et sensorielle intense et profonde, complètement nouvelle, qu'il n'imaginait pas pouvoir exister.

Les jours suivants, Denis garde l'ours en permanence avec lui, même en dehors des temps de thérapie, et cela lui permet de retrouver son petit garçon intérieur, de retraverser la souffrance du passé en apportant la réparation par l'instauration progressive d'un lien d'amour et de protection qui devient chaque jour plus fort et plus concret.

Jusqu'à ce jour, Denis s'était barricadé contre la *dépression**, le désespoir et la souffrance de son enfant intérieur, construisant au fil des ans comme une forteresse. Là, une ouverture se faisait, une porte s'ouvrait et Denis commençait ce long chemin de réconciliation avec lui-même, qui allait lui permettre peu à peu d'apprendre à s'aimer et à guérir de la dépression.

Retrouver le lien avec son enfant intérieur

Il existe bien des façons de se relier à son enfant intérieur et ce peut être aussi très joyeux. Dominique l'a fait à l'occasion d'un exercice classique dans la formation en *PNL** : « le recadrage en six pas ». Ce qui importe, c'est que cette expérience se fasse émotionnellement et sensoriellement pour que le lien ainsi créé existe dans le cœur et pas dans la tête ! Dans cet exercice, Dominique n'avait pas pour objectif de traiter la dépression mais une dépendance au tabac. Les bénéfices ont été bien au-delà, puisqu'elle a pu redécouvrir une part d'elle presque oubliée et bien petite !

Dominique rencontre son enfant intérieure

« Un état présent dont je ne suis pas satisfaite : ma dépendance à la cigarette. Depuis quelques mois, je refume et je suis en conflit avec moi-même. Une part de moi, soumise ou rebelle, me contraint à fumer, même quand je n'en ressens pas vraiment l'envie, le désir. Mes négociations avec moi-même sont infructueuses, n'aboutissent pas à l'état désiré qui est celui de pouvoir fumer une cigarette de temps en temps, comme je peux boire un verre entre amis ou déguster une pâtisserie, sans excès. Juste pour le plaisir, sans contrainte.

L'*intention positive inconsciente*[7] de la part de moi qui génère ce problème, c'est la nécessité de me retrouver moi-même, d'être avec moi, d'oser me contacter, me ressentir, de trouver un accord, une unité. De me sentir "MOI" dans les éléments, dans l'univers, unique, unie, en harmonie, dans mon intimité. Me sentir un électron libre, me sentir définie.

Une petite fille d'environ deux ans m'apparaît, debout dans l'herbe verte, elle danse. Elle est vêtue d'une robe bleue, tout est lumineux, ensoleillé, l'air est doux... Cette petite fille est seule, mais elle ne se sent pas seule, elle est avec elle-même, pleine d'elle-même. Elle a des rondeurs harmonieuses, douces, souples, bien délimitées. Elle me regarde avec étonnement et bienveillance. Elle est surprise et a l'air un peu espiègle. Elle m'émeut, me fait sourire tendrement, je l'aime. Elle ne comprend pas mon tourment car "elle sait", pour elle, tout est clair, elle a des certitudes tranquilles. Elle est "justement" vivante, à sa place, c'est moi, je l'aime, elle me plaît, je ne veux pas la décevoir, elle est mignonne, attendrissante.

C'est une rencontre joyeuse, douce, émouvante. Un pont d'amour se tisse entre nous. Elle est simple, humble, elle dégage une douce force tranquille et me propose de substituer un verre d'eau à une cigarette. Et je me vois, assise sur mon rondin de bois, dans le jardin, buvant sous le soleil cette eau claire en la regardant tendrement. Elle ne me quittera pas, je pourrai la contacter à tout moment. Je prendrai soin d'elle, avec respect. Elle est là, en moi, au profond, dans mon cœur et je l'aime. C'est une part de mon unité.

À l'issue de cet exercice, de ce voyage en moi, je me suis sentie en harmonie, à ma juste place, bien en lien avec les autres, nous étions tous ensemble et chacun unique, à sa place, confortablement reliés par une atmosphère chaleureuse, aimante, qui circulait entre nous tous. J'étais moi, unie, sereine. J'ai encore grand plaisir à remercier cette précieuse part de moi qui a pris sa place. »

---

7. Concept de PNL selon lequel tous nos comportements sont générés par une intention positive de notre inconscient. Voir lexique.

En écrivant ce texte, plusieurs jours après l'exercice, Dominique dira que ce fut un grand bonheur pour elle de découvrir ainsi son enfant intérieure et qu'elle se sent maintenant plus complète, habitée par une douce présence.

Au fur et à mesure que nous nous relions à notre enfant intérieur, nous commençons à nous accepter nous-même, à nous regarder avec davantage de bienveillance et même d'amour. Progressivement, nous allons mettre fin à ces maltraitances vis-à-vis de nous-même qui ont été, inconsciemment, notre lot quotidien depuis tant d'années et qui se sont exprimées de diverses façons. Nous allons cesser d'être dur avec nous ou trop exigeant, de nous dévaloriser, de ne pas nous faire confiance… Nous allons prendre conscience, peut-être, de la violence que nous nous sommes faite depuis si longtemps, sans le savoir, ni même le vouloir, en oubliant notre enfant intérieur. Cette coupure d'avec soi est, je le crois, l'une des causes principales de la *dépression** car nous faisons vivre aujourd'hui à cette part de nous le même abandon, la même souffrance et la même solitude qu'elle a peut-être vécus autrefois, après une rupture de lien brutale et traumatique avec une personne aimée, ou l'inexistence, la pauvreté, la toxicité des relations avec les figures parentales.

Recréer l'intimité avec soi-même

La dépression a de multiples causes et manifestations, mais n'est-elle pas toujours, dans la structure de notre expérience, la maladie de la perte du lien avec soi dans le présent ou le passé ?

Recréer ainsi la proximité et l'intimité avec soi-même est très émouvant. Une fois ne suffit pas et il est nécessaire que nous nous engagions sur ce chemin dans la continuité du quotidien.

Notre enfant intérieur a besoin de notre attention, de notre disponibilité, de notre présence à chaque instant. Je propose à mes patients, pour rendre plus concrète et plus sensorielle la création de ce contact intime avec eux-mêmes, de s'offrir une peluche ou une poupée. Ainsi, ils peuvent ressentir plus facilement cette tendresse nouvelle et la manifester directement à cet objet symbolique, support passager, très utile le temps que ce lien de soi à soi s'intègre complètement.

Quand notre enfant a trouvé complètement sa place à l'intérieur de nous, nous n'avons plus besoin d'une peluche pour nous souvenir qu'il est là ! Nous pouvons lui parler, l'écouter et nourrir quotidiennement cette relation avec lui. C'est ce que nous montre Laure, elle qui avait déjà emmené sa poupée faire le deuil de son ancienne maison.

Lettre de Laure à son enfant intérieure

« Chère petite Laure,

Je voudrais te dire ces quelques mots qui me tiennent à cœur. Aujourd'hui, je prends conscience de ton existence et j'entends enfin ta profonde souffrance. Je n'ai pas suffisamment pris soin de toi, comme j'aurais dû le faire pendant toutes ces années. Je t'ai abandonnée à ta solitude. Je t'ai maltraitée sans savoir, en aggravant ta souffrance. Après tout ce que tu avais déjà vécu d'horrible, j'ai continué la même chose.

Combien de fois ai-je mis ta vie en danger quand tu étais adolescente ? Combien de fois ai-je souhaité ta mort ? Combien de fois ai-je ignoré ta détresse, ai-je fait comme si tu n'existais pas ? Je reconnais que je me suis moquée de toi en te niant, je t'ai privée de tes droits, de l'essentiel, d'amour.

Mais, aujourd'hui, je veux te demander pardon, je te reconnais et j'apprécie ta présence. Je t'aime comme tu es et je te promets de veiller sur toi désormais, de combler tes besoins, de t'apporter l'amour et la sécurité dont tu as besoin et auxquels tu as droit, de panser tes blessures. Je serai disponible pour toi, tu peux compter sur moi, tu ne seras plus jamais seule. »

Réparer nos blessures par le toucher du corps

Dans ce travail d'accueil et de guérison de notre enfant intérieur, il est utile de se faire aider par un thérapeute psychocorporel pour réparer nos souffrances et nos manques par le toucher du corps et le massage.

Lorsque la dépression nous renvoie à des blessures très archaïques, préverbales – perte du lien, manque de lien, lien toxique avec la mère – une façon très efficace et très agréable d'apporter la réparation est de faire ce travail d'accompagnement corporel. Nade Thiéry[8] (voir témoignage en fin de chapitre) a beaucoup travaillé avec les dépressifs, pour lesquels l'accompagnement tactile dans la dépression est une aide véritable en complément de la thérapie. Les expériences dont elle nous fait part sont bienfaisantes et profondément réparatrices dans la guérison de la dépression. Son travail invite à retrouver un lien aimant et respectueux avec son propre corps parce qu'elle-même touche chaque personne avec un respect infini. Avec douceur et avec tendresse, elle permet ainsi la réconciliation avec soi, l'unification de toutes les parts de soi, la permission de se laisser aller, de s'abandonner à soi, au lien profond avec soi dans une totale sécurité, une totale confiance, dans la paix avec soi.

Apprenons à honorer et à célébrer notre corps, comme nous y invite ce poème de Viviane Martyniak, somatothérapeute.

Toi, mon corps, mon ami, ma mémoire véritable…

Je me décide à venir te rencontrer…

Il y a si longtemps que tu attends cet instant.

---

8. Nade Thiéry est relaxologue et formatrice en communication non verbale. Après avoir été successivement monitrice-éducatrice, infirmière, kinésithérapeute, les techniques de communication PNL et particulièrement AT enrichissant les différentes approches corporelles qu'elle a étudiées et qu'elle pratique donnent une dimension de développement personnel à l'accompagnement tactile qu'elle propose.

Tu as traversé tant de tempêtes,

Tu as dépassé tant d'obstacles,

Tu as résisté au plus violent des vents.

Ton ossature s'est au fil des années transformée en cuirasse,

Tes tendons, tes muscles, tes articulations ont beaucoup souffert,

Ton cœur a refoulé tant d'émotions.

Aujourd'hui par l'aide du Toucher, j'aimerais établir le dialogue.

Un toucher enveloppant et nourrissant va me permettre de créer d'autres espaces… détente, confiance.

La main à l'écoute va me permettre de recréer le lien des différentes parties de mon corps.

Mon image corporelle va se reconstruire et me permettre de me reconnaître.

L'énergie débloquée va pouvoir à nouveau envahir toutes mes cellules.

À mon rythme, je vais pouvoir retrouver mon propre mouvement de vie dans la spontanéité et l'authenticité.

Mon ÊTRE va pouvoir à nouveau s'éveiller à sa propre sensibilité en utilisant toutes ses ressources dans un état de conscience et d'éveil.

Pour qu'à nouveau, je retrouve mon ÂME d'enfant où l'avenir m'appartient.

La dépression : une véritable renaissance

Voici tracées les grandes étapes de ce chemin de guérison qui est aussi un chemin de croissance et de transformation personnelle. Il nous a conduit à voir autrement notre dépression, non plus seulement comme un état de souffrance, une maladie dont il faudrait se débarrasser à tout prix. Il nous invite à la recadrer, à la réhabiliter même, à la considérer et à l'entendre comme un appel, une ouverture, à une vie plus consciente, plus juste, plus proche de nous et des autres.

Le *déni** de la *dépression** nous bloque dans notre évolution d'être humain et entraîne souvent des *somatisations** nombreuses. La traversée de la dépression est une épreuve profonde dont nous pouvons sortir plus vivants et plus heureux. Nous pouvons la vivre comme une métamorphose, une véritable *renaissance**. Elle nous invite à déterminer nos critères essentiels dans notre vie d'aujourd'hui : qu'est-ce qui est vraiment important pour moi ? Qu'est-ce qui compte ? À quoi est-ce que je tiens vraiment ? Qu'est-ce qui donne du sens à ma vie ? Il nous appartient dès lors d'inventer notre vie, jour après jour, en nous sentant pleins de ressources pour vivre cette aventure merveilleuse.

Écoutons la suite du témoignage de Jeffrey, que nous avions rencontré au chapitre 1.

La renaissance de Jeffrey

« Pendant des années, l'évitement de la dépression m'a fait beaucoup souffrir sans que j'en sois conscient. Y entrer m'a fait peur. La traverser n'a pas été facile, mais j'avais l'espoir d'en sortir. Et quand j'en suis sorti, le bonheur a été grand de pouvoir me retrouver et d'apprécier le chemin parcouru, de me sentir vivre dans la joie malgré les difficultés de la vie quotidienne.

Je peux dire maintenant que je suis vraiment sorti de la dépression et, comme au loin, résonne encore en moi la voix très présente d'une personne qui m'est chère : "Pour en sortir, il faut d'abord y entrer". J'ai vécu pendant des années dans la fuite et l'évitement de la dépression, en me perdant dans des activités intenses, étourdissantes, envahissantes : sport et travail intensif, fuite dans les voyages (vivre ailleurs au bout du monde), nuits en boîte, paradis artificiels... Tout cela s'accompagnait d'une longue liste de somatisations en tout genre : allergies, prurits, hémorroïdes, spasmophilie, douleurs vertébrales, articulaires, sciatiques, maux de tête, etc.

Le plus douloureux pour moi, c'étaient les déceptions amoureuses, sexuelles, qui faisaient suite à ce que je croyais être des temps de bonheur et qui, en tout cas, déclenchaient bien des souffrances.

Certes, ces années d'évitement et d'agitation ont eu aussi des côtés positifs : voir du pays, rencontrer des personnes nouvelles, une multitude de découvertes, mais il y avait toujours, au fond, quelque chose qui n'allait pas. Un jour ça n'a plus pu continuer comme ça.

Pour moi, il y a une différence entre "tomber en dépression" et "entrer en dépression", c'est-à-dire accepter de rencontrer et de vivre ce que j'ai si bien fui jusqu'à maintenant : peurs, souffrances, injustices, abandon, deuils, pertes des illusions, etc. Accepter pour un temps de me sentir comme enseveli, emmuré, pétrifié dans un tunnel dont je ne vois pas le bout, mais je sais qu'il existe car je sens comme un courant d'air, un souffle vital. Mais je ne sais pas où aller, quelle direction prendre, ce que je vais trouver à la sortie.

Aujourd'hui, j'ai trouvé la joie paisible de vivre, avec confiance, sensibilité, amour, tendresse, gratitude. Je sens la chaleur au fond de moi. Le contact est là, avec moi et les autres. Il m'arrive parfois encore d'être triste, anxieux, d'avoir peur, d'avoir mal, de douter, d'être mécontent ou fatigué, mais cela ne me submerge plus. Cela m'invite à me reposer et à prendre soin de moi. Je peux voir et sentir que je suis vivant, de plus en plus heureux de vivre, de plus en plus dans la paix et le respect avec moi et le monde qui m'entoure. »

Développer une nouvelle part de soi : le père intérieur

Nous avons vu, avec le travail de Denis, combien il est essentiel de pouvoir se donner à soi-même de la tendresse, du soin, de l'attention, en stimulant une part de soi qui est comme une bonne mère aimante et douce, afin que notre « enfant » malheureux, souffrant, déprimé, se sente reconnu, écouté, accueilli dans sa solitude et sa douleur. Nous avons aussi à développer une autre part de nous que l'on pourrait appeler notre « père intérieur » car son rôle et sa fonction sont d'apporter à « l'enfant » protection et réassurance, sens des limites, justesse dans le positionnement à la réalité. Un sentiment de sécurité intérieure peut dès lors apparaître, avec une confiance en soi de plus en plus solide. Pour sortir de la dépression, c'est une étape nécessaire : elle donne de la structure, de la force, du discernement, l'aptitude à se distancier si nécessaire, à faire des choix justes pour soi.

Construire son père intérieur

Construire son père intérieur peut se faire d'une façon très concrète dans le cours de la thérapie. Cette expérience sensorielle de la création d'une part de soi est très utile aux personnes qui ont eu un père faible ou absent, qui n'a pas suffisamment occupé sa place de père.

Ayla a fait cette expérience de la construction de son père intérieur lors d'un séminaire thérapeutique résidentiel. Voici le récit de cette séquence de thérapie.

Le père intérieur d'Ayla

« Au départ, je ressens le besoin d'un père intérieur fort, pour me canaliser, me donner de la force et de la sécurité. J'ai des images qui viennent. Henri avec la bataka[9], très puissant mais très canalisé : rassurant et fort.

Je pense à mon vrai père et très vite à mon frère qui est équilibré dans ses jugements, impartial. Je ressens le besoin d'être plus souvent juste,

9. Sorte de massue en mousse avec laquelle on frappe sur des coussins pour exprimer sa colère.

de pouvoir plus facilement faire la part des choses, le tri dans mes ressentis, mes projections ou mes identifications, que je perçois comme interférant parfois dans ma propre appréciation de la réalité.

Je pense à mon grand-père qui est en relation étroite avec la nature, 95 ans et un grand intérêt au monde et à ce qui l'entoure. Je le vois et l'entends dans son jardin en train de siffler, tôt le matin ou plus tard en train de lire un livre sur les religions du monde. J'admire son ouverture, je sens beaucoup d'émotion et de reconnaissance en pensant qu'il transmet cela à ma fille quand nous venons le voir.

Je sens que j'ai besoin de sécurité intérieure. Je pense à Hélène qui peut recevoir, sans se perdre, ce qu'on a à lui dire, qui ne se referme pas, qui accueille avec sécurité et tranquillité et peut se remettre en question ou nous guider à aller voir en nous. Je suis prête à aller construire ce "père intérieur".

Je pose un grand coussin mauve sur une petite chaise et j'ai besoin de me mettre à la même hauteur ; je vois une silhouette d'homme, carrée, les pieds dans la terre. Une image de taureau vient s'y superposer, mais je m'efforce de me laisser guider par Hélène pour garder cette première vision et m'y associer ; bien que l'impression en soit imprécise, je me sens regardée par cet homme. Je sens mes yeux dans ses yeux. Je demande à mon père intérieur la justesse, le discernement, l'ouverture aux autres et au monde, de la puissance, mais canalisée. Je lui demande de me donner suffisamment de sécurité intérieure pour pouvoir entendre les remarques, les reproches, mes limites.

Je lui demande de ne jamais me lâcher ni m'abandonner et de se rappeler à moi si moi je l'oublie. Je lui demande de l'amour. De m'aider à sortir de chez moi, à m'ouvrir au monde, à me donner de la tolérance. De m'aider à ne pas me laisser déborder par mes émotions. D'être capable de m'écouter (moi, de l'intérieur) pour me recadrer quand je sens que je vais aller là où ce n'est plus juste pour moi. Je lui demande d'être ferme avec moi. Je sens que mon père m'entend ; je sens de la gravité et de la profondeur. »

Le patient peut construire son père intérieur à partir d'éléments de la réalité : des qualités qu'il a appréciées chez son père, son grand-père ou d'autres hommes. Il est important que cette représentation soit concrète, sensorielle, et qu'elle réponde aux besoins de l'enfant intérieur : le patient imagine, voit le père dont il a besoin aujourd'hui, il ressent que le lien peut commencer à exister et il peut aussi entendre ce que son « père » a à lui dire.

Création sensorielle du père intérieur d'Ayla

« **Je me mets à la place de mon père intérieur.** Il accepte la fermeté que je lui demande ; il me demande de faire appel à lui, moi aussi, quand j'en ai besoin, si lui s'est éloigné. Mon père s'engage à être là ; la main dans la main avec ma mère intérieure. Il me dit qu'il souhaite pour moi la présence de cette mère intérieure, pour me donner aussi de la légèreté et de l'humour. Il me dit qu'il m'aime.

Je me remets à ma propre place. Je m'engage à symboliser mon père intérieur. Je n'arrive pas à le serrer dans mes bras, il y a une vague peur. Par contre, je le sens très fort en moi, à l'intérieur, et je m'engage à me le laisser sentir dans les heures et jours qui vont suivre ce travail, à ne pas le mettre de côté. Je regarde les participants du groupe les yeux dans les yeux, c'est un ancrage à mon engagement. »

Nous assistons à la création sensorielle de la relation entre Ayla et son père intérieur, c'est-à-dire à la création d'un lien d'amour et de protection d'Ayla vis-à-vis d'elle-même. Ce lien aura besoin d'être entretenu et développé quotidiennement.

Le bilan d'Ayla

« **Ce que je pense le lendemain.** En faisant ce travail, je sors de la souffrance, de la soumission, d'une position de victime. Je me donne le droit et les moyens d'aller bien, je fais le deuil de la petite fille souffrante. Si j'ai pu construire mon père intérieur, c'est parce que j'ai pu auparavant hurler la terreur de la petite fille et de l'adolescente et me délivrer d'elle, ce qui m'a permis de sentir ce dont j'avais besoin aujourd'hui, que la place est libre pour moi. Je sens que c'est possible d'avancer, que je n'ai pas besoin d'attendre que tout soit parfait pour mettre en place mes projets, que je peux déjà me donner les permissions nécessaires pour que les choses s'installent au fur et à mesure. Je ressens de la confiance. Je sens aussi beaucoup d'amour et de douceur en moi.

Quelques semaines plus tard. Aujourd'hui, je sens du respect pour mes besoins. Je sens que j'ai le droit et qu'il est temps pour moi de reconnaître mes besoins et de vivre en les respectant. Je me dis que cela fait des années que je me bats et qu'il est temps que ma vie soit plus douce et moins dans le combat. Je sens que mon père intérieur me donne cette conscience et prend soin de moi. Qu'il m'aide à poser les limites dont j'ai besoin. Je me suis dit plusieurs fois : "Tiens, si j'ai pu dire ou faire ça, c'est mon père intérieur qui était là".

Quelques mois plus tard (presque deux ans, en fait !). J'ai mis en place ce qu'il fallait pour vivre selon mes critères[10] d'aujourd'hui, quitté ce qui avait besoin de l'être, et fait de nouvelles rencontres davantage en harmonie avec qui je suis vraiment. Quand il m'arrive de m'éloigner du chemin qui me semble juste pour moi, j'en ai une conscience plus aiguë, plus rapide et, surtout, je sens que j'ai en moi les moyens de choisir de revenir sur le chemin qui me convient. »

La construction de son père intérieur aide le patient à faire des changements dans sa vie et c'est bien là ce que nous recherchons ! Ayla est plus ancrée dans la réalité du présent, elle a développé sa force et sa sécurité intérieures, elle sait mieux poser les limites, elle se respecte davantage dans son identité d'aujourd'hui. En se nourrissant de ce nouveau lien avec son père intérieur, elle a pu sortir de la peur et de la soumission et créer avec les hommes des relations justes et tout à fait épanouissantes !

---

10. Ce qui est essentiel pour elle dans sa vie.

L'estime de soi

Ce travail de réconciliation avec toutes les parts de soi est un processus qui dure toute la vie. Pour se développer, il a besoin d'être nourri quotidiennement : chaque fois que nous nous sentons démuni, impuissant ou chaque fois que nous sommes triste, que nous avons mal ou peur, que nous sommes en colère, nous pouvons faire appel à notre mère intérieure, si nous avons besoin d'être dorloté, câliné, consolé, réconforté, ou à notre père intérieur, si nous avons besoin d'aide pour dire non, poser des limites, avoir plus de discernement, penser ou agir clairement, avec plus de justesse. L'un et l'autre peuvent nous permettre de ressentir la sécurité intérieure, la confiance en nous, en nos talents et dans la vie.

Nos parents intérieurs sont des constructions intrapsychiques que nous avons toute liberté d'imaginer, comme nous le souhaitons, sans aucune restriction. Ils peuvent être aussi présents, attentifs, aidants, aimants, protecteurs, pour notre enfant intérieur, qu'il en a besoin. Il s'agit en réalité de créer sensoriellement et émotionnellement des parts de nous bienveillantes et d'apprendre concrètement, au jour le jour, à avoir un regard positif sur nous, à nous respecter, à nous protéger, à nous aimer, à croire en nous. C'est le fondement de l'estime de soi.

Ce lien plus fort et plus vivant avec nous-mêmes, qui nous permet de quitter la dépression, s'accompagne de la création d'un lien plus juste avec les autres.

L'accompagnement tactile dans la dépression, par Nade Thiéry

Depuis longtemps, je suis convaincue que le corps et l'esprit ne sont pas dissociables. Mon expérience n'a fait que me conforter dans cette idée. J'ai reçu de nombreuses personnes qui avaient fait un travail psychothérapeutique ou une analyse et qui avaient besoin, pour intégrer les résultats de leur travail, de retrouver le lien avec leur corps. J'ai aussi reçu des personnes qui souhaitaient vivre un accompagnement corporel en plus de leur travail psychologique. Elles exprimaient alors que ce dernier n'en était que plus aisé. Parfois, l'accompagnement corporel redonnait un élan à une psychothérapie ou à une analyse qui, aux dires des personnes, n'avançait plus.

L'accompagnement tactile que je nomme « toucher-reconnaissance » ressemble, par certains côtés, à du massage, tout en étant différent. Cette approche s'inscrit dans le cadre du développement personnel. Elle a pour but la reconnaissance de soi, en utilisant toute la subtilité du toucher et en même temps tout ce qu'il contient de simple et naturel. Le contact des mains juste posées, les mouvements lents et contenants, les gestes précis, tout en étant fluides, épousent le corps. Ils permettent à la personne de reconnaître chaque partie de son corps et l'intégralité de celui-ci. La détermination du contenu de la séance de toucher avec la personne lui donne une sensation de considération et la rend pleinement actrice de sa séance. La reconnaissance est un besoin fondamental qui est celui de se sentir exister.

La reconnaissance de soi par la subtilité du toucher

Il existe une analogie entre le toucher du corps et la souille où s'immerge Robinson dans le livre d'Hélène Roubeix, *À la rencontre de soi*. Robinson se plonge dans la souille, c'est sa dernière chance pour se sentir exister. Le toucher par un autre être humain, lorsqu'il est respectueux et adapté à la personne, représente un très grand signe de reconnaissance.

Pour présenter cette démarche d'alliance de l'esprit et du corps, je décris ici la réalité d'une séance de « toucher-reconnaissance », sous forme de métaphore.

Une patiente raconte ses séances de toucher du corps

Il y a fort longtemps, j'étais mal, très mal, plus rien ne me disait, je n'avais plus de goût à rien. Me lever le matin me coûtait énormément, il me fallut aller consulter une psychothérapeute. Lorsque j'attendais dans sa salle d'attente, mes yeux se dirigèrent sur une affichette où était indiqué : « En prime, pour l'accompagnement psychothérapeutique de la déprime, une séance de toucher du corps vous est offerte ». Je fus d'abord surprise par ce genre d'annonce chez une psychothérapeute. Que venait faire le corps dans le travail psy ? Mais à la fin de ma séance, la psychothérapeute me donna un bon pour une séance gratuite d'accompagnement tactile, le « toucher-reconnaissance ». Celle-ci m'invita vivement à en profiter. Je n'avais rien à perdre, je décidais d'expérimenter ce qui m'était offert.

En arrivant chez la femme qui pratiquait le « toucher-reconnaissance », ma première surprise fut la salle. Des couleurs tendres procuraient un effet de douceur. Une bonne odeur discrète mais présente me mettait du baume au cœur. Une musique douce flottait dans l'atmosphère. J'eus l'impression de quelque chose d'inhabituel, comme si je sentais le parfum de l'attention, de la tendresse. J'imagine qu'un bébé dans son berceau peut ressentir cela lorsque quelqu'un d'aimant se penche vers lui. La femme était habillée aussi de couleurs douces, elle me fit asseoir et me parla de reconnaître mon corps, de le dorloter, de le respecter, de le mettre en valeur. Elle parla aussi de douceur, de précision, de conscience du corps… de maison. Oui, cela m'a frappée, elle me parla de mon corps maison. Elle allait me toucher pour que je sois mieux chez moi, mieux en moi. C'était un cadeau, j'acceptais.

La femme me posa différentes questions pour que j'exprime ce que je désirais pour mon corps. Ces questions me faisaient préciser tout ce dont je pouvais avoir besoin pour être à l'aise dans cette expérience du toucher. Cela me donnait la sensation d'exister et me permettait de redonner de l'importance à mon corps, que je n'investissais plus depuis plusieurs semaines, voir plusieurs mois. J'éprouvais une sensation d'immense respect. Tout était pour moi, rien que pour moi, adapté à moi.

Sur la table, je m'allongeais, le matelas était chaud. Comme c'était bon de ressentir cette chaleur. Moi qui avais si froid en ce moment. Rien ne manquait, un petit coussin sous ma tête, un drap recouvrait mon corps en l'épousant. Un radiateur rayonnait sur moi sa douce chaleur. Je me sentais considérée. Les mains se posèrent doucement, puis pendant une heure parcoururent mon corps. Ces gestes lents que je suivais me faisaient un bien fou. Je m'offrais à ses mains. Je m'abandonnais. C'était si bon que mon corps se mit à frémir à l'intérieur. Je le ressentais. Je me ressentais.

Au cours de cette séance de reconnaissance de mon corps par le toucher, j'eus l'impression d'être le bébé qui regardait sa mère penchée sur son berceau. La femme qui me touchait ne parlait pas, mais ses mains me disaient tant de choses de mon corps, de moi. Je la sentais comme reliée à moi. Au bout d'un moment, par ce lien créé entre nous, je réalisais que c'était moi que je rencontrais. Sensation étrange d'être mon corps, d'être moi, sensation étrange de sentir mon corps dehors et dedans, de sentir mes limites corporelles en même temps qu'une sensation d'espace intérieur. Lorsque les mains s'arrêtaient, je me sentais contenue, accueillie, reçue. Je m'abandonnais et je ressentais cet abandon délicieusement bienfaisant. Tout mon corps fut pris en compte, toute ma maison visitée. À la fin de la promenade tactile sur mon corps, un sourire naquit en moi, un sourire de paix. C'était comme si tout mon corps souriait. Je percevais tout au fond de moi, de façon indescriptible une lueur de renouveau, un espoir de m'en sortir. Je revenais doucement, comme si je passais dans un sas, goûtant les effluves du bain que j'allais quitter, bain d'attentions pures pour moi, pour ma maison-corps que je ressentais vivante. Ma tête était dégagée, de toutes pensées, plus de tracasseries, seulement des sensations, la perception de moi-même.

J'étais bien. Je me sentais très touchée d'avoir été touchée. « Je reviendrai », me dis-je. Cette séance me paraissait une séance de digestion, d'intégration de ce que j'avais vu en thérapie, un complément indispensable et pourtant je n'y aurais pas pensé.

Je revins plusieurs fois voir cette dame et comme pour la thérapie, les séances de toucher étaient différentes à chaque fois. Après plusieurs séances, je me demandais si je pourrais me passer de cette prime. Cela me faisait tellement de bien. J'étais de mieux en mieux en moi, avec moi, comme cela ne m'était jamais arrivé. Je me mis à aimer mon corps. Il me procurait tant de bonheur, de sensations, de plénitude. J'en vins à m'aimer moi-même. J'avais l'impression de recevoir enfin ce que j'avais toujours désiré au fond de moi.

« Mais pourquoi ce système de prime ? » demandais-je un jour à la femme du toucher. Elle m'expliqua que c'était une astuce pour introduire le corps dans le soin aux déprimés car, pour elle et pour la psychothérapeute avec qui elle travaillait, c'était fondamental de ne pas séparer l'esprit du corps.

J'appris bien plus tard, qu'il n'y avait plus de prime, les mentalités avaient évolué et il était devenu inconcevable d'entreprendre un chemin de guérison, de rencontre de soi, sans passer par les deux voies qui mènent à soi : la voie de l'esprit et celle du corps.

Je sortis de ma dépression, grâce à mon investissement personnel pour aller mieux, aidée par la complémentarité des séances de psychothérapie et celles du toucher de mon corps. J'avais l'impression de sortir « vainqueur » de ma déprime. La vie me paraissait pétillante, comme je ne l'avais jamais sentie et je réalisais qu'il y avait une autre prime en jeu, en plus de celle donnée par ma thérapeute pour le « toucher-reconnaissance ». Cette autre prime contenue dans la dépression fut celle d'aller enfin à la rencontre de moi, au cœur de moi-même. Ma dépression fut donc le déclencheur pour aller demander de l'aide afin de dégager ce qui, sur ma route, m'empêchait d'avancer.

C'est difficile à dire, mais j'étais presque heureuse, sortie de cette période douloureuse d'être tombée dans la dépression. Ce fut l'occasion de me mettre enfin en contact avec ce que j'ai de plus précieux en moi.

Comment vous faire comprendre ce précieux que je sens ? Pour vous le dire simplement : ce précieux me parait identique à ce qui m'émeut lorsque j'ai un tout-petit dans mes bras. C'est probablement la sensation de la vie.

Se réconcilier avec son corps

Le texte qui suit a été écrit par Aurélie, à la fin d'un travail corporel que nous avions fait ensemble.

Le travail corporel d'Aurélie

« Lorsque j'ai commencé mon travail corporel, il y a deux ans et demi, j'étais dans un état de dépression et d'angoisse prononcées, lié à divers éléments. L'un d'eux était la vente de la maison familiale où j'avais passé mon adolescence et surtout où mon père était mort. Cette vente ranima des sentiments mêlés et confus et fit ressurgir des problèmes relationnels avec mon père, que je n'avais pas réglés, faute de les avoir regardés en face. Un de ces problèmes concernait le toucher. Mon père ne m'avait jamais vraiment touchée, dans le sens de cajoler, caresser. En fait, la première fois qu'un homme m'avait touchée, c'était dans le cadre d'une relation sexuelle. De là me venait probablement ma peur du toucher, d'être touchée ou de toucher, que j'associais malgré moi au sexuel. Il me semblait que le moindre toucher portait en lui une connotation sexuelle.

Quand Nade me parla de toucher, j'eus d'abord une réaction de peur, pour les raisons que j'ai exposées plus haut et aussi parce que me laisser toucher signifiait pour moi me laisser mettre à nu, au sens propre du terme (il faudrait me déshabiller, donc m'exposer au regard de l'autre) et au sens figuré (en me touchant, elle saurait tout de mes tensions, de mes nœuds, de mon incapacité à me détendre, etc.)

Bref, accepter d'être touchée n'était pas anodin pour moi, et ne put se faire que parce qu'une relation de confiance mutuelle existait entre Nade et moi. Les choses se firent petit à petit, tout doucement ; d'abord, un toucher des pieds, puis des jambes, des bras, pour finalement s'étendre au reste du corps. Ceci prit plusieurs séances et plusieurs mois. Au fil de ces séances de "toucher-reconnaissance", j'arrivais peu à peu à oublier ou, en tout cas, à dépasser le regard de l'autre pour me tourner vers mon propre moi intérieur, mais cette fois de manière positive : en même temps que je me laissais apprivoiser, il me semblait m'apprivoiser moi-même, c'est-à-dire me réapproprier mon corps. Au fur et à mesure des séances, le noyau résistant que je sentais au niveau de mon plexus et qui semblait me dire "c'est mal de te laisser toucher" se désagrégeait miette par miette (même s'il n'est pas encore totalement dissous aujourd'hui), pour laisser la place à toujours plus de plaisir de sentir chaque partie de mon corps prendre toute sa consistance sous les doigts de Nade. Et de fait, après chaque séance, j'avais et j'ai toujours l'impression "d'être mon corps", comme si le toucher avait unifié et harmonisé tous les morceaux qui forment ma personne. Je ne suis plus un esprit coincé dans une enveloppe charnelle embarrassante mais un corps et un mental indissociables qui bougent en parfaite symbiose. Je me sens à chaque fois plus légère et en même temps plus consistante, surtout après des séances d'étirements[11] qui me laissent une formidable sensation d'assurance quand je me lève, bien campée au sol sur mes deux pieds qui me paraissent plus plats, plus larges et plus stables qu'une heure auparavant.

En outre, j'aime le côté passif dans le toucher ou les étirements : d'une part, je n'ai rien à faire d'autre que de me laisser faire, et donc il n'y a rien que je puisse mal faire ; d'autre part, je n'ai pas à garder l'esprit vigilant dans le cas où je devrais obéir à une quelconque requête. Non, je peux me laisser aller, vivre aussi pleinement que je le peux mon ressenti, avec de moins en moins de réticence et de résistance, et savourer ce moment d'intimité intense avec Nade et avec moi-même. La relation privilégiée que j'ai avec Nade reste néanmoins essentielle : si elle me touche sans gêne et sans ambiguïté, alors, je peux me laisser toucher sans gêne

---

11. L'étirement est comme un *stretching* doux, moyen que j'utilise pour détendre en profondeur les articulations et pour entrer plus intérieurement dans la perception du corps.

et sans ambiguïté. Si elle prend du plaisir à me toucher, alors, je peux prendre du plaisir à me laisser toucher. Ce cadre rassurant m'a aidée et m'aide encore à dépasser le jugement d'autrui, en même temps qu'il m'a permis de découvrir qu'il existait un toucher entre adultes en dehors du sexe. J'embrasse maintenant Nade en la serrant dans mes bras sans culpabilité et avec grand plaisir, ce qui m'aurait paru impensable, il y a quelques mois. Ces accompagnements tactiles, ces touchers de mon corps, sont pour moi un élément complémentaire et indispensable du travail sur moi-même, et je ne conçois pas de travailler sur mon mental sans travailler parallèlement sur mon corps. D'ailleurs, si par manque de temps, la séance n'a pas comporté de "toucher", je me sens moins détendue que si elle s'est terminée par une stimulation tactile bienfaisante. En quelque sorte, je dirais que le toucher m'a ramenée à la vie, en ce sens qu'il m'a reconnectée avec mon ressenti, même si je sens encore par moment des blocages plus ou moins forts, plus ou moins longs dans le temps. »

Dans ce témoignage, nous voyons que, progressivement, Aurélie se redonne la permission d'être touchée. On voit bien qu'elle distingue le toucher appartenant au registre de la sensualité de celui appartenant à la sexualité.

Quelques séances de « toucher-reconnaissance »

J'ai choisi de vous présenter ici l'essentiel de quelques séances de « toucher-reconnaissance » et surtout ce que les personnes ont exprimé.

La séance d'Aline

Aline a été quittée par son ami. Elle n'a plus de goût à vivre et fait les choses machinalement. Elle pense sans cesse à son ami qui est parti. Déprimée, elle dit au début de sa première séance : « Je ne suis plus moi. Je me laisse aller, je n'ai plus de goût pour m'habiller. J'ai du mal à me lever, je fais les choses parce qu'il faut les faire. » Elle exprime sa douleur et son chagrin en pleurant. Et dans les larmes balbutie : « Je voudrais me retrouver moi, comme avant. »

Nous déterminons ce qui serait bon pour elle, pour son corps. Je la touche très tranquillement. Mes mains chaudes épousent chaque partie de son corps avec précision. À la fin de ce moment de toucher et de reconnaissance de son corps, Aline garde les yeux clos. Lorsqu'elle les ouvre, elle me regarde et dit d'une voix intériorisée : « Merci ». Un grand sourire illumine son visage, un sourire vrai, large, tranquille. C'est comme si tout son corps souriait. Elle semble être pleinement là, présente à elle-même. Sur le pas de la porte, en me quittant, elle soupire : « Je me sens mieux. »

La séance suivante, Aline est habillée de façon plus féminine. Sa coiffure montre qu'elle prend soin d'elle. « La séance précédente m'a fait beaucoup de bien », dit-elle, « je me suis sentie mieux, je me sens revivre » et elle ajouta : « J'attendais cette nouvelle séance avec impatience. »

Par le « toucher-reconnaissance », Aline a pu s'abandonner, elle s'est sentie accueillie, comprise. La sensation de compréhension par le corps est une grande expérience qui permet de se retrouver.

Écoutons maintenant le témoignage de Béatrice.

La séance de Béatrice

Béatrice arrive déprimée, elle a envie de mourir. Je lui propose de commencer par des respirations. Elle accepte volontiers. Je lui fais pratiquer différentes variantes de respiration. Béatrice de bonne volonté, exécute les respirations. Puis je procède à la stimulation tactile de tout son corps. À la fin, au moment où je touche la base de sa nuque, Béatrice retrouve une respiration ample, fluide, harmonieuse.

La personne déprimée respire à l'économie, elle a en général une respiration de survie. Accompagner la respiration en posant les mains sur le corps est un accompagnement touchant qui aide la personne à revenir vers la circulation de la vie en elle. Béatrice, en confiance, s'est détendue. Elle perçoit que son corps a dit oui à la vie, il respire librement, sans frein. Sentir sa respiration se faire librement, c'est sentir la vie qui circule sans entrave venant du corps ou de l'esprit.

Une jeune fille de 18 ans déprimée, pleurant tout en s'exprimant, n'a plus de goût à rien. Ni les études, ni la vie familiale, ni ses amis, ni les garçons ne lui donnent de satisfaction. Personne ne la comprend. Après l'avoir écoutée un moment, l'avoir aidée à s'exprimer le plus simplement possible, j'ai touché les différentes parties de son visage. Puis je lui ai demandé de se mettre en position fœtale et je l'ai contenue le mieux possible, sans rien lui donner d'autre que ma présence et le contact de mes mains et bras qui l'enveloppaient. Elle est venue une seconde fois me voir, comme je le lui avais demandé pour conforter le travail fait ensemble. Lors de cette seconde séance, je l'ai simplement touchée sur les parties du corps que nous avions déterminées ensemble, de façon reconnaissante. Cette jeune fille me téléphona ensuite pour me remercier en me disant : « Je suis beaucoup mieux et j'ai compris beaucoup de choses. »

Contenir est une façon d'aider une personne à se retrouver. C'est inviter le corps à retrouver une sensation connue, sécurisante, celle du ventre maternel. La personne en position fœtale, repliée sur elle-même, sent sa propre chaleur, sa propre respiration et celles de la personne qui la touche. Lorsque cette méthode est utilisée de façon appropriée, c'est un moment très émouvant où la personne, dans la musique de son propre souffle, recrée le lien avec elle-même.

Pour conclure, je pense qu'une personne déprimée, qui a son énergie vitale défaillante, a besoin de cette attention touchante venant de l'autre qui s'adresse au corps sans intervention du mental. Le contact avec une autre personne touchante est le plus puissant signe de reconnaissance qui soit. La reconnaissance est un besoin fondamental aussi important que se nourrir. Toucher une personne sur tout son corps, en ayant déterminé avec elle ce qui lui convient, c'est lui offrir la possibilité de se reconnaître et de rétablir le lien avec son être profond. Les personnes en fin de séance sont souvent émues, touchées de tant d'attention et de délicatesse pour elle. Un homme un jour m'a dit, en rouvrant les yeux après la séance de « toucher-reconnaissance » : « Je devrais dire, « je t'aime » après toute cette attention que tu m'as offerte. Mais ce qui me vient c'est : je m'aime ». Il avait donc renoué avec la partie la plus intime de lui-même.

CHAPITRE 5

CRÉER DES LIENS JUSTES AVEC AUTRUI

Au programme

- Faire le tri dans nos héritages familiaux
- Apprendre à se protéger et à créer de bonnes frontières
- Faire le deuil et remettre le passé à sa place
- Apprendre à se séparer

La dépression nous avait conduit au retrait dans notre vie sociale et affective, à la solitude, à l'isolement même. Nous avons pu la vivre comme un enfermement, une prison, coupés de nos sentiments, de notre désir, de notre envie de communiquer, de partager. Peut-être même avons-nous l'impression d'avoir perdu notre capacité à aimer, à être aimé, de ne plus avoir notre place dans notre famille, avec nos amis, dans notre milieu professionnel. Il est donc essentiel pour notre bonne santé physique et émotionnelle, pour notre bonheur, de réapprendre à tisser des liens avec autrui, et à le faire cette fois-ci dans la justesse. La dépression nous a conduit à quitter les relations toxiques qui nous faisaient mal. Maintenant nous pouvons créer de nouveaux liens, avec des personnes nouvelles, et aussi des liens nouveaux et renouvelés, profondément régénérés avec notre entourage : des relations bienfaisantes avec des personnes aimantes et respectueuses de qui nous sommes. Nous avons besoin, pour ce faire, de perspicacité et de discernement. Un grand travail de tri est à mettre en œuvre dans notre vie présente et aussi dans nos héritages familiaux.

Faire le tri dans nos héritages familiaux

Nos héritages psychologiques sont lourds à assumer. Nous reproduisons, à notre insu, des comportements et des modes de vie qui ont été, au moins partiellement, ceux de nos parents, grands-parents, arrière-grands-parents…, quand bien même nous pensions nous en être libéré. Nos croyances limitantes sur nous-même, sur les autres, sur la vie, sont peut-être celles de notre famille et, inconsciemment, nous les transmettons à nos enfants. Si nous prenons le temps d'y réfléchir, nous serons étonné de découvrir que la dépression nous permet de mettre à jour, par exemple, que nous n'avons pas le droit d'être heureux. Nos croyances inconscientes sur la vie sont peut-être de cet ordre : « La vie est dure, la vie est souffrance, tout est pesant, le plaisir est passager et dans notre famille, cela a toujours été comme ça. » Effectivement, nous prenons conscience que les événements difficiles se sont accumulés ces dernières années, que notre vie s'est progressivement alourdie, nous minant peu à peu de l'intérieur, jusqu'à amoindrir notre énergie vitale, ouvrant de plus en plus grande la porte à la dépression. Les événements extérieurs de notre vie sont le reflet exact de ce qui se passe à l'intérieur. La traversée de la dépression nous invite donc à réfléchir aux croyances inconscientes qui ont structuré notre vie – et qui ont généré toutes sortes de comportements – pour pouvoir les trier : qu'est-ce qui appartient à ma famille, aux générations précédentes, qu'est-ce que je veux garder de tout cela, et qu'est-ce qui m'appartient à moi dans ma vie d'aujourd'hui ?

Stopper la transmission de la dépression

La dépression et le terrain dépressif se transmettent de génération en génération. Il existe des familles entières de dépressifs.

Le travail de tri nous permet de nous réapproprier notre vie, telle que nous voulons la vivre, et également de nous éviter de continuer à transmettre à nos enfants « le goût du malheur ».

Histoire de Nathalie

À l'occasion d'un travail transgénérationnel, Nathalie fut très surprise de découvrir qu'elle appartenait à une lignée de grands dépressifs, du côté paternel. Elle ne s'en était pas vraiment aperçu jusqu'alors parce que ces dépressions étaient considérées comme des maladies honteuses et l'on n'en parlait pas. Elle comprit alors que le côté sérieux, voire triste et austère, de sa famille cachait en réalité une incapacité à être heureux, à savourer la vie, à s'amuser, à rire, à être tout simplement vivant. Son père, ses nombreux oncles et tantes, son grand-père, tous souffraient de dépression depuis leur plus jeune âge, semblait-il, et cela n'était ni nommé, ni reconnu, ni soigné, mais rationalisé socialement dans un système de croyances écrasant. Elle fut soulagée par cette prise de conscience qui lui permit de se distancier de son état dépressif chronique en sortant de cette loyauté inconsciente vis-à-vis de sa famille. Toute cette souffrance, au fond, ne lui appartenait qu'en partie, elle pouvait la « rendre » et aussi s'occuper plus activement de guérir ce qui lui incombait. Elle apprit à renforcer les frontières de son identité.

Apprendre à se protéger et à créer de bonnes frontières

La *dépression**, nous l'avons vu au chapitre 2, est souvent la conséquence de liens malsains, voire toxiques, dans notre vie présente et passée.

Prendre conscience de nos comportements de *soumission** vis-à-vis de certaines personnes dans notre milieu familial ou professionnel est difficile car ils sont parfois ancrés depuis si longtemps qu'ils nous paraissent complètement naturels. Nous subissons silencieusement les abus de pouvoir parce que « ça a toujours été comme ça », « il n'y a pas de raison que ça change », « après tout, ça n'est pas si grave »… Peut-être croyons-nous aussi qu'il ne servirait à rien de dire quelque chose et que notre rébellion pourrait aggraver encore la situation d'irrespect, de maltraitance, de violence que nous subissons.

Mais, pour sortir du processus dépressif, nous avons besoin d'apprendre dans notre vie d'aujourd'hui à nous affirmer et à nous protéger en refusant les comportements d'autrui intrusifs, possessifs, dévalorisants, qui nous font mal.

À noter

Oser dire non, exprimer sa colère avec justesse, poser des limites claires et fermes renforce la confiance en soi, l'estime de soi. C'est se respecter profondément.

Nous nous posons face à autrui, conscients de notre valeur, de nos sentiments et de nos besoins, conscients aussi de la valeur de l'autre, de ses sentiments et de ses besoins.

Soumission et violence

Peut-être découvrirons-nous que nos comportements de *soumission** remontent à notre enfance et que, petits déjà, nous avons subi des abus de pouvoir de la part des figures d'autorité : parents ou grands-parents, frères et sœurs plus âgés, enseignants, éducateurs…

Beaucoup d'adultes ont été des enfants victimes de violence : violence physique sur eux-mêmes, s'ils ont été frappés par leurs parents, ou sur des proches, s'ils ont assisté répétitivement à des scènes de violence entre leurs parents ou d'un parent sur leurs frères et sœurs. Violences sexuelles, aussi bien chez les filles que chez les garçons, souvent restées secrètes et qui sont des fardeaux terribles à porter. Violences psychiques qui s'expriment à travers des mots assassins ouvrant des failles profondes dans l'estime de soi, la confiance en soi, dans les autres et dans la vie.

Un enfant qui reçoit de la violence de façon répétitive, parfois quotidienne, se sent profondément atteint, blessé dans son cœur et dans son âme. Ses ressources vitales, sa confiance fondamentale dans la vie, s'amenuisent au jour le jour, comme une peau de chagrin. Ce qu'il se dit consciemment – « Ça n'est pas grave, ça passera, ça ira mieux plus tard, c'est normal qu'on me traite ainsi… » – ne sert pas à grand chose. Il est touché dans l'intégrité de son identité, dans son essence, et la dépression risque de s'installer insidieusement car ses frontières intrapsychiques deviennent fragiles, poreuses. Il importe alors aujourd'hui d'apprendre à l'enfant intérieur à renforcer ses frontières, pour ne plus laisser entrer « chez soi » n'importe quoi ou n'importe qui. Il s'agit de sortir de la *soumission**, d'apprendre à refuser toutes les formes de violence exercées par ceux qui ont eu le pouvoir sur soi. Se donner la permission de dire, d'exprimer émotionnellement et corporellement sa rage, sa colère contre ceux qui ont abusé de soi, oser dire non, représente un grand moment dans le processus de guérison thérapeutique. Le patient prend alors – ouvertement – la défense de son enfant intérieur et choisit de se faire respecter dorénavant. Il en prend la responsabilité.

Il contacte sa force intérieure, rend ses frontières étanches et ose, enfin, se montrer, s'affirmer dans sa puissance.

Là aussi il s'agit d'un processus et une fois ne suffit pas. Mais la dépression ne résiste pas longtemps à la colère. C'est ce qu'exprime Marianne, jeune femme très intelligente et très brillante, mais qui restait comme une petite fille perdue dans ses relations avec les hommes. Ce travail sur la colère lui a permis de contacter sa puissance de femme dans sa vie d'aujourd'hui et de développer sa confiance, sa foi en elle et dans la vie.

Témoignage de Marianne

« À 31 ans, j'avais investi largement le champ professionnel dans lequel je réussissais sans aucune difficulté. J'avais également une vie sociale intense et poursuivais avec assiduité quelques activités sportives et culturelles. Tout semblait donc "bien fonctionner", sauf ma vie de femme. Après deux mariages "ratés" et quelques liaisons sans intérêt apparent, je tenais absolument à résoudre "ce qui clochait" pour ne pas retourner dans une histoire amoureuse douloureuse.

Toutes ces histoires avaient en commun un fonctionnement fusionnel dans lequel je me soumettais inlassablement au "mâle dominateur". Je m'effaçais comme une petite fille craintive. J'étouffais mes aspirations et mes désirs pour ne pas risquer de "perdre" cet amour, certes enfermant, mais qui me faisait exister pour quelqu'un. Jusqu'au jour où, l'instinct de survie aidant, j'envoyais tout balader, dans une logique enfantine du tout ou rien et, en général, pour retomber aussitôt dans un schéma analogue.

J'ai démarré une thérapie, je ne sais plus trop pourquoi. Un mal-être diffus me pesait en permanence, alors même que "j'avais tout pour être heureuse". Après un an de thérapie, je me suis libérée du besoin d'un "autre" pour exister. J'ai vécu ces mois de célibat comme une véritable construction de mon identité. Un vrai bonheur. Mais je restais fragile dans mes relations aux hommes. Encore petite fille, mais plus prudente. Et je n'osais plus me faire confiance dans ce domaine. J'étais tiraillée entre mon désir de vivre à nouveau quelque chose de bien et la peur de ne pas savoir gérer une relation équilibrée.

À l'issue de cette semaine de travail sur le thème "croire en soi, croire en la vie", je comprends ce qui me bloquait, ce qui m'empêchait d'ouvrir tout grand la barrière du pré de la liberté et de la vie. Toutes ces colères que je n'avais jamais exprimées depuis plus de vingt ans me paralysaient : elles me prenaient mon énergie tout en me laissant pétrifiée devant les hommes, comme la petite fille d'alors était pétrifiée de peur lorsqu'elle se laissait abuser par tous ces hommes. Alors même que je pensais "n'avoir aucune colère à exprimer", le travail de groupe m'a permis de laisser monter ces colères, à mon insu ! J'ai pu enfin les exprimer, dans toute leur puissance, et je suis sortie ainsi de ma position de victime. Je les ai exprimées comme une femme. Et, à l'issue de ce travail, quelque chose en moi avait changé. Je me vivais enfin femme. Je me vis enfin femme.

Les signes de cette nouvelle vie sont imperceptibles et s'expriment dans les détails du quotidien. La place libérée par la colère accueille maintenant une nouvelle confiance en moi et dans la vie. La barrière du pré est grande ouverte et je pars explorer le monde, avec gourmandise et en toute sécurité. Je n'ai plus besoin de quiconque pour exister. Je vis et je sais que la vie m'apportera bien plus de joie que je ne peux l'imaginer. J'ai profondément confiance. »

Exprimer ainsi sa colère et sa rage du passé dans le cadre protégé et protecteur qu'est le lieu thérapeutique donne beaucoup d'énergie et stimule de nombreuses ressources pour guérir de la *dépression**. Le patient se donne la permission de sortir de la position dans laquelle il se trouve depuis parfois de nombreuses années. Pour la première fois peut-être, il se sent suffisamment en sécurité et soutenu pour oser affronter ceux qui lui ont manqué de respect, qui l'ont intrusé ou violenté. Il ose enfin leur dire ce qu'il n'avait jamais pu ou voulu leur dire, il ose s'affirmer, il ose montrer qui il est, il ose exprimer sa colère et son refus de la violence. Il contacte sa force de vie et sa puissance, sa liberté et sa maturité.

La colère n'est pas la violence

Il apprend aussi à pouvoir exprimer sa colère dans la vie d'aujourd'hui, quand c'est nécessaire, avec détermination et fermeté, mais sans violence. Nous confondons souvent la colère et la violence et elles sont pourtant très différentes. Dans la violence, l'objectif plus ou moins caché est de faire du mal à l'autre, par des paroles ou par des actes, d'exercer un pouvoir destructeur sur lui. À l'inverse, dans la colère, il n'y a pas ce projet-là. La colère est une émotion naturelle que l'on ressent dans le présent quand une personne nous manque de respect, nous blesse ou nous fait violence d'une façon ou d'une autre, ou quand une situation nous heurte.

Nous avons alors à nous laisser la sentir dans notre corps, la reconnaître, l'accueillir puis nous laisser le temps d'y réfléchir : qu'est-ce que ce sentiment de colère manifeste de ce qui est en train de se passer dans ma relation avec autrui, ou avec la situation ? Qu'ai-je à comprendre, à analyser ? Et ensuite seulement : comment vais-je le dire pour être à la fois dans le respect de moi-même (mes besoins, mes convictions, mes valeurs…) et dans le respect de l'autre (ses sentiments, ses besoins, ses convictions, ses valeurs…) ? Si j'exprime cette émotion ce n'est pas pour faire mal à l'autre, c'est pour remettre de l'ordre dans la relation, pour la rendre plus juste et plus respectueuse, pour manifester plus clairement qui je suis et comment nous pouvons mieux travailler ou mieux vivre ensemble. L'expression de la colère n'est pas forcément tumultueuse, elle peut être relativement calme et posée, elle pose des limites, elle donne plus fortement la sensation d'exister, d'être là, elle stimule la confiance dans sa propre importance et sa propre valeur. Elle nous permet de construire de bonnes frontières à la fois souples et étanches.

Nos relations en seront renouvelées, plus justes, plus saines, plus respectueuses de nous-même et d'autrui.

Faire le deuil et remettre le passé à sa place

Pour créer des liens nouveaux ou renouvelés avec autrui quand nous guérissons de la dépression, nous avons besoin de faire la place à l'intérieur de nous : si notre cœur et notre esprit sont absorbés par des *deuils** non faits qui occupent notre espace et notre temps présents, nous ne pouvons nous ouvrir à des relations d'aujourd'hui.

Le travail de *deuil** donne l'espace intérieur et la liberté de vivre complètement dans le présent. La *dépression** liée aux deuils non finis nous relie toujours au passé et nous empêche de nous sentir complètement vivants et créatifs.

La dimension temporelle modifiée

Dans la structure de la *dépression**, on retrouve toujours un déplacement dans la représentation inconsciente du temps : les événements du passé, qu'ils soient heureux et parfois sublimés, ou malheureux, se situent dans l'inconscient de la personne, soit au présent, comme si c'était donc maintenant, soit au futur, donnant ainsi l'indication d'une dépression plus grave. La personne est dans l'incapacité de se représenter sensoriellement son futur. Par exemple, elle ne voit rien : « Je n'ai pas d'issue, pas de perspective, mon horizon est bouché. » Elle peut avoir en même temps des sensations kinesthésiques d'étouffement, d'oppression, d'un poids sur les épaules…

Effectivement, dans un travail de *PNL**, on demande à la personne de se laisser sentir comment elle se représente sa ligne du temps, c'est-à-dire où elle place son passé, son présent et son futur. Très probablement, elle va nous montrer que, par exemple, son passé est tout autour d'elle, l'englobe, pesant sur son dos comme un gros sac plein de pierres, ou encore qu'il est juste devant elle, occupant tout l'espace comme une grande montagne. Le présent, du coup, n'a plus de place et le futur n'est même pas envisageable. On lui demande de se laisser sentir, voir, entendre, comment c'est quand le passé occupe ainsi tout l'espace et, peu à peu, très doucement, on l'invite à remettre le passé à sa juste place, visuellement, là où cela lui convient, peut- être plus loin derrière elle ou sur sa gauche. Si la personne est vraiment associée à son expérience, bien en contact avec sa sensorialité, elle va ressentir assez rapidement, au fur et à mesure que son espace visuel se dégage, une sensation de soula-gement, de plus grande légèreté. C'est un travail très profond dans l'inconscient qui se fait et qui a besoin d'être accompagné, en prenant tout le temps qu'il faut.

L'acceptation du présent : le début d'une renaissance ?

Le passé se remettant à sa place de passé, il ouvre la place au présent, mais que trouve-t-on là ? Souvent du vide. Si la *dépression** manifestait la rupture d'une relation fusionnelle très intense, il se peut que la personne n'ait guère d'autonomie, ne sache pas qui elle est, quels sont ses goûts, ses désirs, ses valeurs. Il est nécessaire de l'accompagner à découvrir ou redécouvrir tout cela et particulièrement quels sont ses critères dans sa vie d'aujourd'hui : « Maintenant, à l'âge que vous avez, dans la situation où vous vous trouvez, qu'est-ce qui est important pour vous, qu'est-ce qui compte vraiment ? »

S'ensuit un travail constructif d'émergence sur des valeurs et des croyances nouvelles bien adaptées à la vie de cette personne dans son présent. C'est une renaissance du désir et du plaisir qui peut se faire alors : désir et plaisir de vivre, sentiment de son identité. Du coup, le futur va commencer lui aussi à exister, à prendre sa place sensoriellement, devant la personne ou sur sa droite. Ce travail sur la ligne du temps est un travail à la fois simple et profond, libérateur d'énergie nouvelle. Il peut être répété plusieurs fois. Sans doute ne suffit-il pas à lui seul à guérir la dépression, mais il y contribue très efficacement. En tout cas, il facilite et accélère le travail de deuil.

Dire adieu : un passage obligé vers une nouvelle vie

Il est très important de clore les étapes de sa vie au fur et à mesure : pouvoir dire adieu à ceux que l'on a aimés, à ce qui a été fort, à ce que l'on a partagé et, en même temps, créer un autre lien avec eux – car il ne s'agit pas de les oublier – plus libre et plus profond.

Ce travail, en thérapie, peut être vécu comme un rite de passage, une étape de transformation qui nous ouvre à une vie nouvelle. Si nous ne faisons pas le *deuil**, à chaque séparation que nous vivons, nous restons comme encombrés. Au fond, n'est-ce pas vouloir retenir à tout prix ce qui est fini qui est si douloureux ? Et quand nous sommes prêts à laisser s'en aller tout cela, c'est une grande libération.

À noter

| Les morts nous entraînent dans leur tombe, si nous ne leur disons pas adieu.

Une part de nous risque de partir avec l'être qui s'en va et nous sommes alors comme morts à la vie, à notre vie. Notre vie du présent n'a plus de sens, nous sommes submergés par la souffrance, la solitude et la dépression.

« Il vaut mieux être mort pour ne pas sentir la douleur, l'abandon. Dormir, dormir et ne plus jamais me réveiller. Je veux la tranquillité, la paix », disait une patiente après la mort de ses parents.

C'est important d'être accompagné par un thérapeute pour le travail de *deuil** et de ne pas le faire seul, parce que c'est trop dur, trop douloureux de se laisser complètement entrer dans l'émotion, pourtant c'est nécessaire. Si l'on évite, en partie ou en totalité, de traverser les émotions, le processus restera inachevé. Il arrive qu'un travail de *deuil** qui se fait en thérapie réveille et révèle d'autres deuils non faits, plus anciens. En effet, la permission de dire adieu à ceux que l'on a aimés se fait « en structure » et pas seulement dans le « contenu » : dans la structure de l'expérience et pas seulement par rapport à une situation particulière avec une personne précise.

Ainsi, René, dès le début de ce séminaire thérapeutique résidentiel, a souhaité dire au revoir à son ami François mort quelques semaines auparavant. C'est un travail dans lequel il a pu exprimer son chagrin, sa colère, son sentiment d'être abandonné, et l'amitié qu'il avait pour lui. Ensuite, le travail de *deuil** fait par les participants du groupe continue à faire résonance pour lui et à ouvrir son cœur à d'autres deuils non finis. Il sent qu'il a alors à dire adieu à sa mère, morte il y a un an, mais qu'il a aussi à se séparer d'elle, au niveau psychologique, à un âge très ancien, probablement dans les premiers mois de sa vie.

Le travail de deuil de René

Pendant que d'autres personnes du groupe travaillent, René passe la matinée en position fœtale sur son siège avec un coussin serré contre lui. Je lui propose de s'allonger sur un matelas ; il s'y met en position fœtale là aussi et demande à être recouvert d'un tissu, tout entier sauf la tête. Il se laisse ressentir ce qui est là et se retrouve comme un bébé, tout petit et seul, qui pleure et personne ne vient. Nous entendons la

 | De la dépression au goût du bonheur

voix plaintive d'un petit enfant. Il finit par appeler sa mère d'une toute petite voix déchirante : « Maman ! » Il sent (et dit) que sa mère ne le regarde pas, ne le voit pas. Il n'y a pas de lien, il se ressent comme mort. Cela dure longtemps, il exprime encore sa tristesse, son chagrin et puis la ressource de l'inconscient arrive : il ressent que sa mère commence maintenant, petit à petit, à le regarder, à l'entendre et même à le toucher. Il continue à l'appeler, cette fois dans la tendresse : « Ma petite maman », et à lui demander de le prendre dans ses bras.

Il vit sensoriellement que le lien se fait intrapsychiquement, avec une part de lui qu'il est en train de créer et qui représente sa bonne mère intérieure. Peu à peu, il se détend, se réchauffe, sa peau se colore. Maintenant il ressent qu'elle est vraiment là dans la présence et il se blottit dans ses bras. C'est un moment de grande émotion et de réparation très profonde. Puis il revoit sa mère sur son lit de mort, tel que cela s'est récemment passé. Il sent un grand chagrin et le lui exprime en la plaçant symboliquement devant lui, sur un coussin[12]. Il lui dit combien elle lui manque, combien il se sent triste, seul, abandonné, et même combien il se sent en colère qu'elle soit partie. Il parcourt ainsi toutes les étapes du processus de deuil. Ensuite, je l'invite à changer de place et à s'asseoir là où se trouve le coussin qui représente sa mère. Il « est ainsi sa mère » l'espace de quelques instants et « elle » s'adresse à René. « Elle » lui dit toute son affection et lui demande pardon pour sa maladresse et parfois son incapacité à s'occuper de lui quand il était petit. Émotion.

J'invite René à reprendre place sur sa propre chaise (qui est en réalité celle de son enfant intérieur). Il sanglote et ne veut pas dire adieu à sa mère ni la laisser partir car ce serait la perdre alors qu'il vient juste de la retrouver ! J'insiste avec douceur. Il finit par sentir que c'est juste pour lui et il peut vraiment lui dire adieu, accepter qu'elle s'en aille et la laisser s'éloigner progressivement. Du coup, il peut garder avec elle un lien d'amour dans la liberté.

---

12. Technique de Gestalt-thérapie.

Les jours suivants, il se sent unifié et en paix. Avec ce travail, il a pu faire le deuil de sa mère morte, il y a un an, et avancer aussi dans le deuil de son enfance, c'est-à-dire accepter de renoncer à ce qu'il n'a pas vraiment eu mais qu'il aurait été juste qu'il ait : une mère aimante et présente, faire donc le deuil de la Mère symbolique idéale. Il a pu commencer à créer une part de lui nouvelle : sa propre mère intérieure, pleine d'amour et de bien-veillance pour son enfant intérieur.

Aujourd'hui, trois ans après ce séminaire, René lit ce texte et m'écrit : « *Merci du fond du cœur pour m'avoir accompagné à retrouver cet amour. Il a changé ma vie. Je ne suis plus seul, je suis relié à mes ancêtres. J'ai reçu la beauté et la force, la dignité de ma mère (je ne la vois plus comme une victime). Je n'ai plus eu d'an-goisses et j'ai pu apprendre et grandir, développer le sentiment de ma compétence. J'ai pu prendre ma place parmi les autres, enfin ! Par contre, la souffrance de la séparation, le regret d'être passé, pour une part, à côté de ma mère, demeure quand même. Mais je suis parmi les vivants !* »

Ce travail de deuil nous permet de dire adieu à ceux qui sont partis, tout en gardant un lien d'amour avec eux, d'établir de bonnes frontières entre les morts et les vivants, de nous remettre dans la réalité de notre vie présente.

Le travail de deuil peut révéler d'autres deuils

Les deuils non faits sont parfois très anciens et nous ne pensons même plus à ces morts du passé et pourtant ils continuent à nous empêcher d'être pleinement vivants à notre insu, tant que nous ne leur avons pas dit adieu. Ainsi, Pierre témoigne du deuil de sa sœur jumelle – morte à la naissance – qu'il n'avait jamais pu faire jusqu'à 50 ans.

Son histoire commence de façon tout à fait inconsciente, quand dès le début du séminaire thérapeutique, il pioche dans un tas de peluches deux pièces identiques qu'il colle aussitôt l'une à l'autre, nez à nez, et les tient ainsi, pendant plusieurs heures. Surgit alors un embryon de question : bien sûr que, s'il y réfléchit, cela lui évoque sa sœur jumelle, morte à un jour et demi, et dont l'ombre le poursuit depuis des années (également le thème du masculin/féminin), mais cette sœur absente et pourtant si présente, combien de fois y a-t-il pensé ? Mais, ici, le contexte se prête à une avancée pour Pierre :

- un petit groupe qui travaille depuis près de deux ans ensemble dans le respect et le non-jugement, lui permettant une expression totalement libre ;
- lui-même, car il commence à s'éveiller d'une longue torpeur ;
- un lieu qui respire le calme et la sérénité ;
- quelques inductions subtiles de ma part, ainsi que mon assurance qu'il est possible et utile de faire un travail sur ce point.

De tout cela naît la conviction que le moment est venu, pour Pierre, de clore cette histoire dans la douceur et la justesse.

Témoignage de Pierre

« Maman donne naissance à deux prématurés (7 mois et 1 semaine). Apparemment, j'ai bénéficié des premières couveuses. Fleur ne survit qu'un jour et demi. Là-dessus, ma grand-mère décrète qu'elle ne veut pas d'un tombeau dans la vie de sa fille et parvient à la faire déclarer morte-née par le médecin (pas d'état civil et enterrement dans une fosse commune). À la tristesse du décès vient assurément s'ajouter un regret qui se transformera en culpabilité, au moins pour mon père qui m'en avait parlé à plusieurs reprises et qui a fini par faire graver sur le tombeau familial : "À la mémoire de Fleur", de n'avoir su s'opposer à ce dictat. Je sais que ma mère a elle aussi été très affectée par cette disparition : "Cinq en cinq ans", disait-elle avant l'arrivée tardive de ma dernière sœur, une façon de ne pas occulter Fleur.

Autant que je me souvienne, c'est seulement à l'adolescence que ma mère m'a vraiment parlé de ma sœur jumelle, ce qui a été l'origine pour moi d'un long questionnement qui tournait autour de : "la vie est injuste, ça aurait été tellement bien…" ; la culpabilité "pourquoi c'est moi qui vis ?" ; "est-ce que, par hasard, c'est moi qui ai provoqué sa mort en venant prématurément ?" »

Pierre est prêt à faire le deuil de cette petite sœur qu'il n'a pas réellement connue, mais qui est si présente, trop présente pour lui depuis cinquante ans.

Le processus de guérison

Je propose à Pierre de parler à sa sœur pour lui exprimer les émotions qu'il ressent pour elle depuis tant d'années, combien elle lui a manqué et tout ce qu'il aurait aimé partager avec elle. Je l'invite à imaginer qu'elle est vraiment là, représentée symboliquement par l'une des petites peluches qu'il a choisies. L'objectif de ce travail thérapeutique est qu'il puisse lui dire vraiment adieu, cesser de la rechercher auprès des femmes qu'il rencontre, vivre sa vie d'homme dans le présent et non plus en référence à cette figure du passé.

Phase 1

J'invite Pierre à prendre le temps de contacter ses émotions puis de les exprimer à Fleur.

« J'exprime à Fleur ce que j'ai sur le cœur en "la" caressant doucement pendant de longues minutes (elle est représentée par l'une des petites peluches jumelles) :

– Tu m'as beaucoup manqué… tu me manques encore… Lorsque j'ai appris ton existence, j'ai eu de la culpabilité d'exister, comme si je t'avais pris ta vie ! Il y a eu plein de questions autour de ça… peut-être est-ce que je suis né trop tôt… Après, je crois que je t'en ai voulu d'être partie. Ensuite, je t'ai cherchée partout sans fin, dans toutes les femmes que j'ai rencontrées, me retournant même très souvent dans la rue sur des inconnues à ta recherche. J'en ai même rencontré une dont j'ai pensé qu'elle était ta réincarnation ! J'aurais aimé que tu vives, je nous ai rêvés joyeux, complices, et j'ai voulu retrouver dans mes relations de couple cette complicité imaginée et cette fusion vécue au point même que la seule femme avec qui j'ai eu des relations vraiment harmonieuses s'appelait Fleur comme toi. »

Phase 2

J'invite Pierre à faire un instant comme s'il était sa sœur, et qu'elle s'adresse à lui pour lui dire adieu. Pierre prend la place de Fleur sur un coussin. Fleur s'exprime :

« J'ai vécu ce que j'avais à vivre et toi de même. Chacun a sa vie, ses épreuves. Moi, c'est cela que j'avais à traverser, de partir ainsi... Tout est bien pour moi. Tu ne dois pas être triste, accepte ce qui est. Vis ta vie... je t'aime. »

Phase 3

Fleur dit adieu à Pierre. C'est à lui maintenant de la laisser partir, de la laisser rejoindre le monde des morts dans le passé. Pierre reprend sa place. Il s'adresse de nouveau à Fleur :

« Alors, je crois qu'il est temps que j'accepte ton absence, il est temps de te laisser partir... »

Il s'ensuit un long silence. Pierre prend conscience que c'est lui qui « la retient », qu'il n'a toujours pas accepté son absence. Beaucoup d'émotion, des pleurs, jusqu'à l'apaisement où, enfin, il peut la laisser partir : il la voit s'envoler vers le ciel et la suit lentement du regard.

Pierre s'est maintenant séparé de Fleur. Il a pu lui dire sa tristesse, son amour, laisser s'écouler toutes ces émotions. Ce processus très intime, où il a enfin pu exprimer, écouter, accepter, faire le *deuil** aurait pu se suffire à lui-même dans un autre contexte, mais il restait l'enterrement anonyme de sa sœur à réparer. L'idée d'un rituel s'est rapidement imposée et c'est ainsi que, avec les autres membres du groupe pour témoins, Pierre a pu mettre en terre Fleur (la peluche), en ce lieu plein de calme et de paix.

« Fleur avait enfin un lieu, une place à elle, et c'était juste. Dès la fin de la cérémonie, j'éprouve un sentiment de béatitude, hors du temps, dans le calme, la paix et la beauté du soleil couchant, qui illumine la nature. Je me sens en communion avec cette nature, avec la vie. Grande sérénité, sentiment d'accomplissement… Il me vient ces mots : "Tout est accompli, tout est bien". La "faute" que je sentais peser sur la famille et sur moi-même est réparée. Une nouvelle vie peut commencer pour moi, mais peut-être aussi pour Fleur.

Comment dire ce que cela m'a apporté ? À l'heure où je parle, je n'ai probablement pas mesuré tout le bénéfice de ce processus de réparation ; j'emploie ce mot à dessein car il correspond exactement à ce que je ressens. Lorsque l'on a traîné ce poids avec soi pendant cinquante ans, peut-être le corps a-t-il besoin de temps pour assimiler, cicatriser. De même que l'enterrement n'est pas la fin du deuil, le choc émotionnel doit finir de se dissiper. Mais il n'en reste pas moins que je ressens une grande sérénité, de l'apaisement. Tous ces sentiments éprouvés à la fin de la session restent très présents, vivants, et j'ai la conviction d'avoir posé là une action juste, nécessaire, un acte de guérison pour moi et ma famille, d'avoir réparé le passé.

D'ailleurs, fait significatif, j'ai pu parler de tout cela à mon père, chose impensable il y a encore peu… tant ces "actes thérapeutiques" sont éloignés du vécu familial. Mais là j'avais une matière concrète, vivante, qui le concernait lui-même et il a compris. Je lui ai parlé d'abord du travail de deuil lui-même, qui l'a beaucoup touché (il n'imaginait pas que la perte de Fleur ait pu avoir un tel impact sur moi). Puis, ne sachant plus si je le savais, il a reparlé du regret qu'il avait d'avoir subi le dictat de ma grand-mère. J'ai pu lui parler alors du rituel et lui faire part de mon sentiment d'avoir fait ce que j'avais à faire et d'avoir réparé le passé. Il a d'abord spontanément dit : "Mais il faudra que j'aille la voir !", puisque, certes, j'avais réparé pour moi mais que lui n'avait rien fait. Ce à quoi j'ai répondu que j'avais réparé pour toute la famille, que c'était moi qui pouvais le faire et je pense qu'il a commencé à le croire. Après avoir prononcé un *"gnôthi seauton"* plein de sous-entendus, il s'est livré à quelques confidences et révélations (dont certaines à ma demande sur la famille). Le lendemain, au retour d'une promenade, il me dit avoir prié pour et avec Fleur et décidé dorénavant de dire qu'il avait eu six enfants, ce qu'il a fait deux jours après. »

La réparation nécessite du temps

Ce processus de deuil demande du temps pour être intégré par l'inconscient parce qu'il touche des zones très profondes de l'être. Six semaines après l'avoir vécu et écrit, Pierre ajoute ce commentaire.

Le bilan de Pierre

« J'avais besoin de temps entre le premier jet du 15 août et ce texte définitif. En le relisant, beaucoup d'émotion a encore surgi et j'ai revécu certaines parties du processus. (Que faut-il en penser ?) Toujours est-il que quelque chose a fondamentalement changé en moi. J'ai davantage d'énergie. Physiquement, j'ai la sensation d'être aligné et en équilibre dans mon bassin. Enfin, je ressens comme une excitation intérieure très profonde, un bonheur de vivre qui m'était comme étranger. »

Apprendre à se séparer

Le travail de *deuil**, qui nous permet de vivre la *dépression** puis d'en sortir et de dire adieu, nous conduit parfois à prendre des décisions concrètes de séparation dans notre vie personnelle ou professionnelle, décisions souvent difficiles et douloureuses. Il faut du courage pour se séparer. Au fond, nous aimerions tellement que les choses se passent bien, harmonieusement. Nous sommes peut-être assoiffés d'harmonie et de paix. Mais quelle sorte d'harmonie ? Si elle n'est que d'apparence, de façade, pour répondre aux exigences sociales ou aux valeurs familiales, ou encore à notre besoin enfantin de fusion, elle n'est pas juste. Si l'on y regarde de près, la bonne entente apparente et l'absence de conflits ne laissent pas à chacun le droit d'exister dans sa liberté, dans sa différence, avec ses goûts, ses besoins, ses désirs et ses valeurs propres. Elles cachent probablement une relation fusionnelle très forte, très enfermante, dans laquelle quelqu'un exerce le pouvoir sur les autres : un père ou un grand-père, patriarche exigeant et intransigeant, une mère ou une grand-mère toute puissante qui contrôle tout autour d'elle, un conjoint qui ne respecte ni notre espace, ni notre temps, ni notre rythme, un patron paternaliste qui paraît ouvert mais n'en est pas moins tyrannique, etc.

Des relations justes laissent à chacun la liberté d'être soi et d'avoir son espace et son temps. Et ce n'est pas toujours dans l'harmonie ! Il peut y avoir des différends, des conflits, des besoins pour l'un ou l'autre de s'éloigner, de prendre de la distance. Quand cela ne peut être respecté dans le couple, la famille ou la vie professionnelle, alors c'est peut-être le moment d'envisager une séparation. Souvent, nous pressentons que cela serait juste pour nous et nous en avons le désir profond, mais nous n'osons pas, nous avons peur de nous séparer, peur, au fond, de l'autonomie, de la solitude, peur de prendre notre vie en main et de grandir. La *culpabilité**, peut-être aussi, retient notre décision. Alors nous préférons rester dans l'harmonie et la sécurité apparentes. C'est aussi faire le choix de rester petits, immatures, d'éviter d'entrer dans l'aventure de notre vie et de créer des relations plus matures et plus respectueuses avec d'autres. Nous ouvrons ainsi l'espace à l'état dépressif, nous lui donnons champ libre. Pour guérir de la *dépression**, nous avons à stimuler nos facultés de discernement pour nous laisser voir, entendre et sentir de qui, de quoi, nous avons à nous séparer : qu'avons-nous à laisser mourir à l'intérieur de nous – sans doute des attentes ou des illusions d'enfant – pour en avoir la force ?

Le travail de deuil et de séparation intrapsychique et relationnel nous permet de nous retrouver face à nous-même, dans le présent de notre vie. Il libère notre énergie. Notre espace inconscient cesse d'être encombré par les attachements du passé qui nous emprisonnaient. Il s'ouvre pour ce que nous souhaitons installer dans notre vie d'aujourd'hui avec la capacité d'être relié positivement à notre histoire passée et d'être réceptif à ce que le futur nous apportera.

Le grand changement, c'est notre aptitude à vivre dans le présent, dans la présence libre et continue à nous-mêmes, aux autres et au monde. Nous apprenons à cueillir l'instant et à nous relier à notre corps et à notre cœur, à nos sensations et à nos émotions. Nous découvrons le goût du bonheur qui, déjà pour les philosophes de l'Antiquité, était un art de vivre passant par la connaissance de soi.

CHAPITRE 6

LE GOÛT DU BONHEUR

Au programme

- La sagesse épicurienne
- L'art de savourer l'instant présent
- Éloge de la lenteur
- Une douce intimité avec soi

Les anciens Grecs, il y a vingt-cinq et vingt-quatre siècles, avaient déjà beaucoup réfléchi sur l'art de vivre heureux en pratiquant la sagesse. Le « travail sur soi », tel qu'on peut le concevoir à notre époque, me paraît bien proche de ces philosophies antiques. Déjà Socrate avait repris à son compte la maxime gravée sur le fronton du temple de Delphes : « *gnôthi seauton* ! », « connais-toi toi-même », que l'on peut comprendre comme une invitation à savoir qui nous sommes en profondeur, un appel à naître à nous-mêmes, au-delà de notre image sociale, à découvrir notre puissance intérieure, à créer notre vie. N'est-ce pas là l'objet de la psychothérapie, qui stimule la guérison psychique, la croissance personnelle, l'entrée dans son identité authentique et sa maturité ?

Je relis aujourd'hui avec plaisir ces auteurs grecs et latins que j'ai côtoyés autrefois. J'ai la conviction que, dans leur quête du bonheur, les femmes et les hommes du XXIe siècle peuvent tirer un grand profit de ces arts de vivre élaborés il y a 2 400 ans. Nous avons là nos racines. Sans doute l'enseignement d'Épicure est-il particulièrement propice à développer chez nous l'aptitude au bonheur.

La sagesse épicurienne

Épicure naît en Grèce en 341 avant Jésus-Christ. En 306, il achète à Athènes un jardin où il fonde son école qui deviendra « le jardin d'Épicure ». Il écrit de nombreux ouvrages, est à l'origine d'une philosophie pratique, un véritable art de vivre basé sur la recherche du plaisir dans la maîtrise de soi, l'équilibre et la sérénité.

L'homme en harmonie avec la nature

Son ambition première est de réconcilier l'homme avec la nature. Il nous invite ainsi à donner la primauté à nos sensations, car elles nous montrent ce qui est agréable et ce qui est désagréable. Elles sont le critère du juste, du bon et du vrai. « *La sensation[13] est la grande messagère du réel, elle est à la fois ce qui nous relie à ce qui est et ce qui nous guide dans notre recherche de ce qui nous plaît comme dans notre fuite en face de ce qui nous déplaît.* » Épicure veut enseigner à l'homme de garder un contact permanent avec le réel. La nature constitue la seule présence : « *Le fondement et la base de toutes choses est l'évidence.* » C'est parce que la sensation est la règle de vérité qu'en définitive « *le plaisir est le commencement et la fin de la vie heureuse* » (Diogène Laërce, disciple d'Épicure).

Le plaisir, but et sens de la vie

Pour Épicure, le plaisir est donc un principe absolu qui doit conduire au bonheur. Sa recherche s'accompagne de conscience, de réflexion et de discernement, en particulier afin de savoir éviter les plaisirs trop reliés à l'angoisse, la peur ou la douleur.

---

13. Extrait du livre de Jean Brun, *L'Épicurisme*, coll. « Que sais-je? », PUF, 1959.

Cette primauté donnée à la sensation, et donc à notre corps, n'est-elle pas encore plus aujourd'hui la base du bonheur ? La vie citadine nous fait perdre ce contact vital avec nous-mêmes et c'est peut-être aussi pourquoi nous aspirons tant à ces moments de vacances pendant lesquels nous retrouvons le lien avec la terre, avec la nature et avec nos sens.

Pour Épicure, le plaisir est le but mais aussi le centre de la vie. Et le plaisir c'est d'abord l'absence de douleur dans le corps et d'angoisse dans l'esprit. Il n'est en rien l'excitation et le dérèglement de tous les sens, comme on l'attribue souvent à la philosophie épicurienne. Épicure s'attache à rechercher le « bien-vivre », c'est un équilibre qui s'accomplit dans le plaisir, un art de vivre. La sagesse se fait bonheur : il n'y a pas de sagesse sans bonheur, il n'y a pas de vie heureuse sans sagesse. Mais comment passer du plaisir à la sagesse ? Par l'art de savoir choisir et refuser en connaissance de cause, l'art d'assigner les limites.

« Le philosophe sait jouir de la douceur de vivre en ne laissant pas fuir ce qui lui appartient ou, par la mémoire, ce qui lui a appartenu. Il ne s'oublie pas dans l'errance vaine ou dans le débordement. Lorsque la réflexion est parvenue à son terme la joie est "égale". C'est alors que s'accomplit la sagesse bienheureuse, comme par une méta-

morphose du plaisir qui se fait "ataraxie[14]" : non seulement le trouble est absent, mais par la réflexion, on sait se féliciter de la réalité paisible. Passage, en quelque sorte, de la jouissance à la réjouissance, joie redoublée. La sérénité du sage transmue les limites du plaisir en surabondance[15]. »

La liberté, une autre étape vers le bonheur

Une autre composante du bonheur, pour Épicure, est la liberté. Le sage vit dans la liberté parce qu'il sait se suffire à lui-même et vivre dans la plus grande indépendance possible vis-à-vis d'autrui. Il n'est plus tributaire des dieux, ni des autres, quant à la satisfaction de ses besoins. Épicure prône que « *les dieux ne sont pas à craindre* ». Du coup, l'homme n'est plus totalement soumis au hasard ou à la fatalité, il peut se libérer de ces superstitions qui le rendent malheureux et dépendant. En réalité, les événements dépendent bien plus de nous que nous ne l'avions cru. Bien sûr, tout ne dépend pas de nous, mais l'épicurisme sera surtout sensible à « ce qui dépend de nous » et qui n'est pas seulement cause de devoirs austères mais aussi de jouissances heureuses.

N'y a-t-il pas là l'idée moderne développée par les thérapies humanistes, que chacun de nous a la responsabilité de sa vie et de son bonheur ?

Cela veut dire que, lorsque nous nous sentons victimes de la vie ou des autres, nous leur attribuons en réalité le pouvoir immense de nous rendre malheureux et de nous faire souffrir. Ainsi, tant que nous nous sentons victimes de la *dépression** et des événements qui l'ont causée, nous ne pouvons pas en guérir vraiment. La clé de la *guérison** consiste déjà à prendre la responsabilité

---

14. Le terme grec « *ataraxia* » renvoie au vocabulaire maritime. « *taraché* » décrit le bouillonnement des flots. Le « *a* » privatif indique l'absence, mais bien plus la beauté et la douceur lorsque la mer n'est pas agitée. On peut donc traduire « *ataraxia* » par « sérénité ».
15. *Lettre à Ménécée,* analyse par Pierre Pénisson, Hatier, 1999.

de son état dépressif, à entendre ce que notre corps et notre esprit nous disent par le biais de ce symptôme si douloureux. Et prendre la responsabilité de notre vie ne nous pousse pas à nier, ni à dénier, la souffrance, mais bien au contraire à l'accueillir, à lui donner du sens.

Le sage, donc, vit dans l'« autarcie » que nous pourrions traduire par « autonomie ».

Est-il pour autant reclus et coupé du monde ? De l'agitation du monde et de la foule ? Sans doute, mais Épicure attache le plus grand prix à l'amitié. « Le Jardin » est un lieu d'intenses échanges sociaux et amicaux. *« Le sage épicurien ne regarde pas sa liberté telle une possession privée, il la réalise en l'offrant et en la déployant dans le rapport amical. Dès lors, les relations humaines ne sont plus de besoin, elles se situent au-delà de l'intérêt ou de la passion. Elles sont plaisirs surabondants et répétés[16]. »*

Déjà, dans cette philosophie antique, la relation à l'autre s'éloigne de la dépendance et de la soumission, du pouvoir et de la domination. L'autre est vu et entendu pour qui il est, accepté et apprécié dans sa différence. Quelle modernité !

Le plaisir, ici et maintenant

Pour Épicure, enfin, le plaisir se vit ici et maintenant, dans le quotidien de notre existence.

« Or, toi, qui demain ne sera plus, tu diffères la joie. La vie périt de ce retard et nous mourrons dans la prison de nos affairements… N'abîmons pas le présent en désirant ce qui est absent. »

Épicure, Sentences

---

16. *Lettre à Ménécée, op. cit.*

« Le sage vit dans l'instant et ne se soucie pas du lendemain car, comme le rappelle Sénèque, une vie portée toute entière vers l'avenir est une vie inquiète[17]. »

Cette inquiétude nous l'appelons aujourd'hui anxiété, angoisse ou stress. Pour nous sentir heureux, nous avons à transformer notre relation au temps.

L'art de savourer l'instant présent

Dans la *dépression**, nous l'avons vu, il y a un déplacement dans notre référence inconsciente au temps. Le passé prend la place du présent, voire du futur. L'instant présent n'a plus de saveur et l'avenir n'a plus d'attrait. Mais, parfois, c'est aussi le futur qui prend la place du présent. Quand nous vivons, par exemple, dans l'attente permanente que nos objectifs et nos désirs se réalisent, et qu'à peine le sont-ils que déjà nous en avons d'autres. Ou dans la crainte qu'ils ne se réalisent pas, dans l'angoisse des malheurs à venir. Notre vie est pleine d'inquiétude, pour nous-mêmes et pour les autres, et nous sommes incapables, là encore, de goûter les plaisirs du moment présent, de nous réjouir vraiment de ce qui est là. L'histoire de Rosalie illustre ainsi la façon dont elle s'empêchait d'être heureuse.

Histoire de Rosalie

Après son divorce, Rosalie avait d'abord profité de son indépendance et de son nouveau statut de « femme libre » pour vivre plusieurs aventures. Au sortir d'une relation très fusionnelle et dépendante avec son mari, elle avait eu besoin de vivre ces expériences. Mais maintenant, elle avait une obsession : rencontrer un homme avec lequel elle pourrait refaire sa vie. Elle était focalisée sur cet objectif au point que cette attente et cet espoir l'occupaient totalement et lui prenaient toute son énergie. Elle y

---

17. Jean BRUN, *op. cit.*

pensait jour et nuit : toutes ses sensations, ses émotions et ses pensées étaient ainsi tournées vers le futur et bientôt ses comportements le furent aussi car elle entreprit de faire des rencontres par Internet. Elle était devenue absente à sa vie présente, incapable de goûter toute forme de plaisir et elle allait mal, « abîmant le présent en désirant ce qui est absent ». Cette attitude manifestait un contrôle excessif et une prise de pouvoir très forte de son conscient sur son inconscient : elle « voulait absolument un homme », et cette volonté la coupait d'elle-même et de sa vie, sans doute aussi d'une possible relation de couple car les hommes qu'elle rencontrait ne donnaient pas suite. Elle avait besoin de stopper ce processus de fuite en avant avec fermeté et d'apprendre à revenir au présent et au travail de transformation intérieure qu'elle avait à faire avant de vivre une nouvelle relation. Chaque fois qu'elle se sentait « partir » dans le futur et qu'elle cherchait à tout prix la réalisation de son objectif, il lui fallut apprendre à retrouver les sensations de l'instant présent, à revenir à la réalité de l'ici et maintenant. Elle put, peu à peu, développer l'art de la réceptivité et de l'ouverture, quitter la prédominance de son Moi et de son désir, revenir au Soi, faire confiance à son inconscient et à la vie.

Se donner un objectif et vouloir l'atteindre peut être à la fois une ressource et un piège. Ainsi, le thérapeute doit faire preuve de discernement et de sens clinique pour évaluer si son patient a besoin de structurer son *Moi** et sa relation à la réalité, de développer sa confiance en lui, d'apprendre à s'affirmer et, dans ce cas, il est probablement juste de l'aider à déterminer un objectif, puis à le réaliser. Mais si le patient est déjà plus avancé dans le travail sur lui, avoir un objectif trop structuré peut se révéler antithérapeutique car cela risque d'augmenter le conflit interne entre le Moi et le *Soi**. Il est plus adéquat de l'accompagner à déterminer ou plutôt à laisser se dessiner un « méta-objectif » – objectif pour l'inconscient en quelque sorte –, correspondant plus aux besoins de croissance du Soi que du Moi.

Ainsi, pour Rosalie, un objectif thérapeutique tel que « rencontrer un homme » aurait été contre-indiqué. Il était préférable qu'elle prenne le temps de mettre au jour, avec l'aide du thérapeute, ce processus inconscient qui la faisait se projeter ainsi dans le futur, l'empêchant de vivre ce qu'elle avait à vivre dans le présent. Elle apprit à se donner la permission de sentir le plaisir d'être là, de vivre pleinement ses émotions et ses sensations, d'habiter son corps, de se donner le droit de jouir de la vie sans attendre que cela lui vienne d'une autre personne, le droit d'être heureuse maintenant, sans « différer la joie ».

L'art de savourer l'instant présent se cultive jour après jour, en prenant le temps, tout notre temps. Aussi avons-nous peut-être à apprendre d'abord à ralentir notre rythme.

Éloge de la lenteur

Tout va vite, trop vite dans notre vie d'aujourd'hui. Des agendas trop pleins, trop d'activités, trop de stress. Nous manquons cruellement de temps pour nous, pour nous laisser vivre, pour ne rien faire, nous laisser faire. Ce rythme de vie extrêmement rapide exerce sur nous une pression continue et favorise la *dépression**. Pour guérir de la dépression peut-être avons-nous besoin de retrouver un rythme plus lent. Nous sommes souvent pressés que les choses arrivent, mais les changements profonds sont lents. La rapidité nous fait rester à la surface de nous-mêmes et donne tout pouvoir au conscient, au contrôle. Dans un rythme lent, à l'inverse, nous pouvons être plus proches de nous, de notre nature, attentifs à nos besoins essentiels et aux signaux de notre corps. Nous avons le temps de respirer, d'être dans notre sensorialité. Quand tout va trop vite, comment est-il possible de vraiment regarder, écouter, sentir les autres et le monde autour de soi ? Comment pouvons-nous goûter la vie ?

Le Petit Prince de Saint-Exupéry nous le dit : « *Si j'avais cinquante-trois minutes, je marcherais tout doucement vers une fontaine.* » « *Autrement dit*, commente Thomas d'Ansembourg[18], *je prendrais le temps d'aller tout doucement vers ce qui va m'abreuver, me revitaliser. Je me réjouirais de la fraîcheur de l'eau avant même d'y avoir goûté, je me rafraîchirais de sa mélodie avant même d'y avoir trempé les mains. Je prendrais le temps d'être là où la vie me nourrit, me désaltère vraiment.* »

Moi aussi, j'ai voulu aller trop vite, me projeter vers l'avant, dans le futur où se trouve la réalisation de mes désirs et de mes besoins. J'ai méconnu combien il faut de temps, de patience et de persévérance pour laisser se faire la transformation à l'intérieur de moi. Et je me suis fait une petite entorse qui m'oblige à rester là, sans bouger, sans rien faire d'autre que sentir la lenteur du temps qui passe, à savourer les heures qui s'égrènent les unes après les autres. Quand le temps s'arrête, quand nous arrêtons le temps, le temps devient plein. Tout se ralentit et nous découvrons avec stupeur et émerveillement que nous avons tout le temps, le temps d'être là, de savourer l'instant, d'être dans la présence à soi et au monde. Le bonheur d'être là.

La métamorphose intérieure s'inscrit dans la lenteur et moi je voulais aller vite parce que je savais ce que je voulais obtenir. C'était encore contrôler le temps et la vie. Le message offert par mon corps était bien clair : j'avais à apprendre encore un peu plus à laisser faire le temps, laisser faire la vie, me laisser faire.

À vouloir aller vite et à trop remplir notre temps, nous le perdons et nous perdons notre vie. Nous passons à côté du bonheur. Et nous nous justifions : aujourd'hui, je n'ai pas le temps, mais

---

18. Thomas d'ANSEMBOURG, *Cessez d'être gentil, soyez vrai*, Éditions de l'Homme, 2001, p. 129.

plus tard oui, quand je serai à la retraite. Voici un témoignage recueilli par Alain Houziaux[19].

Histoire du vieil homme qui goûtait enfin la vie

« Il n'y a pas très longtemps, j'ai rencontré un vieil homme perclus de rhumatismes dans son fauteuil. Il m'a dit : "Voyez- vous, il a fallu que j'attende l'âge de 80 ans pour prendre le temps de regarder cet arbre qui est là, de l'autre côté de la fenêtre." Et il a ajouté : "Vous savez, dans ma vie, j'ai tellement perdu de temps à travailler, à défendre ma carrière, j'ai tellement dépensé d'énergie à des futilités d'amour-propre... Eh bien, maintenant, ce que je pense, c'est que le travail, l'ambition, le prestige, tout cela c'est ce que l'homme a trouvé de mieux pour gâcher sa vie." Et le vieil homme a ajouté : "Oui, maintenant, je suis vieux, pourtant, c'est maintenant que je commence enfin à faire quelque chose de ma vie. Parce que ce que je fais maintenant, je le goûte, je le goûte vraiment". »

Une douce intimité avec soi

Une autre composante du plaisir épicurien était l'art de prendre soin de soi, dans son corps et dans son esprit. Aristote, philosophe contemporain d'Épicure, l'appelait « le souci de soi ». Sans doute des siècles de culture judéo-chrétienne nous ont éloignés de ce souci de nous. C'est pourtant, je crois, un ingrédient essentiel à notre bonheur. Comment nous traitons-nous ? Savons-nous être à l'écoute de notre corps et de ses besoins, les reconnaître et les respecter ? Sommes-nous attentifs aux besoins de notre cœur et de notre esprit ?

Nous n'avons jamais fini d'apprendre à prendre soin de nous, chaque jour et d'autant plus si nous sommes dans la douleur

---

19. Alain Houziaux est pasteur à l'église réformée de l'Étoile. Il a dirigé la parution de *Peut-on apprendre à être heureux ?*, Albin Michel, 2003. Actes des conférences dont il est l'organisateur.

physique ou morale. Nous ne pouvons pas toujours donner du sens à notre souffrance, mais sans doute a-t-elle au moins pour fonction de stimuler pour chacun le « souci de soi ». Nous nous devons à nous-mêmes, jour après jour, de donner à notre corps, notre cœur et notre esprit toute l'attention, la douceur et la tendresse dont nous sommes capables. Cet amour de soi n'est-il pas égocentrique ? Je crois qu'il est tout simplement l'amour et le respect de la vie en soi. Si nous savons ainsi célébrer la vie en nous, nous saurons la respecter et l'aimer à l'extérieur de nous, dans toutes ses manifestations.

Apprendre à s'aimer vraiment soi-même, au-delà de l'image et des apparences, est un long chemin d'intériorité, aboutissement de la réconciliation avec toutes les parts de soi. Peu à peu, nous laissons s'en aller la honte, la culpabilité, l'anxiété, l'angoisse, les exigences et les jugements sévères sur soi et sur les autres, toutes les formes possibles de contrainte et de violence. Commencent alors la douceur et la tendresse pour soi, la compassion. La solitude n'est plus douloureuse, il n'est plus nécessaire de la redouter ni de la fuir à tout prix. Notre sécurité intérieure est installée, ainsi que le sentiment et la sensation d'être plus en paix. Cette douce intimité avec soi ouvre les portes de l'intimité vraie avec autrui, loin des jeux de pouvoir et avec le plus de justesse possible.

ÉPILOGUE

Réceptivité et ouverture à la vie

Quand nous avons accueilli la dépression, entendu ce qu'elle avait à nous dire, peu à peu retrouvé le lien avec nous-même, créé des relations plus justes avec les autres et que s'est installé progressivement le goût du bonheur, nous pouvons prendre conscience de la profondeur de notre changement, de notre transformation.

Peut-être, au fond, s'est-il passé quelque chose de nouveau, d'inattendu, d'inconnu ou de surprenant, c'est-à-dire une nouvelle façon d'être avec nous-mêmes : notre conscient a cessé de contrôler et de diriger notre vie et nous laissons la place à notre inconscient, puits de ressources et de sagesse.

La dépression était arrivée parce que nous étions comme décentrés, décalés, privés de nos ressources vitales, de notre source de vie intérieure. Notre énergie était beaucoup investie dans le Moi et ses images, ses façades sociales, familiales, professionnelles, ses défenses et ses fragilités, sa souffrance et sa difficulté à vivre. Le Moi, avec ses peurs et ses rigidités, empêchait l'ouverture au Soi.

Or, c'est peut-être cette ouverture qui est arrivée : un état de réceptivité intérieure, de confiance en soi et en la vie qui nous invite à nous laisser conduire, à nous laisser guider. Ce qui vient alors n'est pas forcément ce que nous avions prévu, souhaité, projeté. Ce peut être une expérience très déroutante, bouleversante, un lâcher-prise avec le désir de tout contrôler, l'accueil et l'acceptation de la vie sous toutes ses formes, une grande aventure !

La dépression était la manifestation d'un état intérieur immobile, figé, mortifère, comme si la vie ne circulait plus, un état de séparation entre le conscient et l'inconscient, entre le Moi et le Soi. En retrouvant ce lien avec notre inconscient, nous permettons à la vie de recirculer librement à l'intérieur de nous, dans notre corps, dans notre cœur, dans notre esprit. Nous retrouvons la fluidité, le mouvement vivant. Dès lors, il n'y a plus de séparation, mais une alliance entre notre conscient et notre inconscient, génératrice de paix intérieure et de créativité, de justesse dans notre relation avec nous-même et avec autrui.

Nous ne vivons plus dans la peur viscérale et plus ou moins cachée du lien avec les autres, ni dans l'attente trop souvent déçue qu'ils nous reconnaissent et qu'ils nous aiment. Nous pouvons nous ouvrir en toute sécurité à la relation. Le chemin qui s'ouvre, c'est celui de la rencontre avec soi et avec l'autre. Rencontre inventée, créée au jour le jour, dans l'intensité du présent. Notre temps n'est plus celui du passé, avec son cortège de souffrances, ni celui du futur avec ses attentes irréalistes d'être aimé comme un enfant. C'est celui du présent qui nous invite à accueillir l'instant et à le savourer. Il n'y a rien d'autre à faire qu'à être là dans la réceptivité, de plus en plus ouvert à la vie.

Sans doute le bonheur naît-il de la conscience accrue de soi, de l'autre et du monde. Il grandit à la mesure du développement de notre humanité. Plus nous sommes en accord avec nous-mêmes, enracinés dans notre identité authentique, plus nous découvrons, en toute humilité, l'être unique et merveilleux que nous sommes, plus nous nous sentons heureux, plus aussi nous sommes reconnaissants à la vie d'être là, pleins de gratitude pour ce qui nous est donné à chaque instant, capables de nous émerveiller avec un cœur d'enfant.

Personnellement, je crois que l'être humain est fait pour être heureux.

Le bonheur n'est-il pas l'art d'ouvrir mes sens et mon cœur à l'univers, de savoir regarder, écouter, ressentir avec tout mon être l'infinie douceur de la lumière du soleil levant sur les dunes, le fracas puissant de l'océan sur la plage, la caresse sensuelle du vent sur tout mon corps ? La terre est belle et elle me donne sa beauté en abondance. Dans cette présence sensorielle au monde, je goûte la plénitude du temps présent, tout à la fois sa consistance et sa fluidité. Ce qui me retenait toutes ces années vers le passé s'en est allé : mes rancunes et mes rancœurs, mes ressentiments et mes regrets, mes peurs et mes terreurs, mes révoltes, mes chagrins et mes souffrances. Ce qui me portait trop vite vers le futur a disparu : mes attentes et mes projets, mes rêves et mes désirs, mes peurs de la vie et mes angoisses. Je les ai laissés s'écouler. Et je suis là, tout entière dans le présent, apaisée, unifiée, comblée.

Redécouvrir le lien avec soi

La dépression aussi s'en est allée, avec son interminable cortège de souffrances, de douleur morale, de lassitude, de chagrin, de peurs, de désespoir, de détresse. Le temps de l'épreuve et de la transformation s'achève. La dépression a permis la métamorphose. La vie est là. Je me sens pleinement vivante. Je suis allée au bout de la guérison, avec courage, avec patience. J'ai touché les portes de la mort, les portes de la folie. J'ai traversé de bout en bout la douleur et la solitude immense de l'Enfant du passé. J'ai accueilli avec bienveillance ces parts de moi si cruellement blessées. Je leur ai donné le soin, l'amour, l'infinie douceur, l'infinie tendresse dont elles avaient besoin. Je les ai ointes du baume de la vie.

Le bonheur, c'est aussi de me sentir reliée à moi-même, d'avoir la certitude que je ne m'abandonnerai plus jamais. C'est cet état de grâce de la rencontre sans cesse renouvelée avec moi et avec le monde, qui m'invite à la rencontre avec l'autre dans sa diffé-rence, à la découverte de l'altérité dans la gratuité : je n'attends plus rien d'autrui, ni d'être aimée, ni d'être reconnue, ni d'être protégée, ni d'être comprise.

J'ai appris à me donner tout cela à moi-même et à le recevoir de l'univers. Ma solitude est devenue plénitude. Je me sens libre et légère. Je suis ouverte à ce qui vient.

GLOSSAIRE

Les définitions des concepts qui suivent me sont personnelles. Elles sont issues de mon expérience professionnelle et peuvent différer sur certains points des définitions habituellement proposées. Ainsi, le Moi et le Soi sont des concepts jungiens, mais je leur donne un sens un peu différent de celui de Carl Gustav Jung. De la même façon, ma pratique de la PNL humaniste n'est parfois pas tout à fait la même que celle des autres écoles de PNL.

Affirmation de soi

Développer l'affirmation de soi est très positif. Nous avons besoin d'apprendre à dire et à montrer qui nous sommes, quels sont nos désirs, nos besoins, nos sentiments. Apprendre à faire des demandes aux autres et accepter qu'ils nous disent non sans nous sentir mal. Parfois aussi un excès d'affirmation de soi nous conduit sur la voie de la toute-puissance et nous risquons fort d'exercer le pouvoir sur autrui en lui imposant la *soumission**.

Association

Quand nous sommes « associés » à nous-mêmes, nous sommes en contact avec nos émotions, nos sensations, notre corps. Nous sommes présents à ce qui se passe en nous et aussi au-dehors. Cette présence sensorielle a une influence sur notre façon de penser, d'analyser et d'évaluer la réalité et sur nos comportements. Notre pensée et notre action ne sont plus déconnectées, mais bien en lien avec notre *inconscient** et donc beaucoup plus adéquates et justes. C'est l'une des caractéristiques de la *PNL humaniste** – quel que soit le champ professionnel dans lequel on l'utilise – que d'accompagner les personnes à se relier davantage aux ressources de leur inconscient, à « s'associer », créant ainsi une alliance fructueuse entre toutes les parts de soi, conscientes et inconscientes.

Changement

La vie nous appelle au changement et si nous le refusons, si nous en avons peur, nous courons le risque de nous rigidifier, de nous enfermer dans nos schémas limitants. Nous perdons peu à peu alors notre souplesse d'adaptation aux événements et aux personnes et devenons l'artisan de notre malheur.

Culpabilité (sentiment de)

Si nous avons réellement et objectivement causé du tort à autrui, notre sentiment de culpabilité est justifié et nous invite à la réparation. Si ça n'est pas le cas, il est comme un poison susceptible de nous rendre très malheureux et nous avons intérêt à mettre au jour son sens et sa fonction. Quelle est l'intention positive inconsciente de cette part de nous qui se sent coupable ? Que se donne-t-elle de si positif, de si important, peut-être d'essentiel, en ressentant de la culpabilité ? Peut-être est-ce, paradoxalement, d'avoir le sentiment de sa valeur, la sensation d'être à sa place, d'exister aux yeux de la personne concernée. Peut-être prendrons-nous conscience de l'importance exagérée que nous accordons au regard de l'autre sur nous, et combien nous sommes dans la *soumission**. Dès lors, comment nous accorder à nous-mêmes cette reconnaissance que nous avons tant attendue d'autrui ? La création de nos *parents intérieurs** peut répondre à ce besoin.

Déni

Processus inconscient par lequel nous annulons en partie la réalité extérieure ou notre réalité intérieure (sentiments, émotions, désirs, besoins, pensées, …), quand elles sont insupportables.

Dépression

Terme général utilisé dans ce livre par souci de simplification. Il existe maintes formes de dépressions et d'états dépressifs, de la déprime passagère proche de la morosité à la dépression grave et chronique.

Deuil

L'aptitude à faire le deuil des événements, des situations, des personnes est l'un des apprentissages fondamentaux de la vie, aussi difficile soit-il. Il est déterminant dans notre accession à la maturité. Savoir nous séparer, dire adieu, nous permet d'être de plus en plus vivants.

Dévalorisation de soi

Chaque être humain est unique et plein de ressources. Plutôt que de nous critiquer, nous dévaloriser, nous pouvons apprendre à découvrir et à aimer cet être que nous sommes, tout en gardant une conscience claire de nos limitations et de nos limites !

Dissociation

La dissociation est l'état dans lequel nous sommes quand nous nous coupons de nos émotions et de nos sensations, c'est-à-dire des ressources de notre inconscient. Notre énergie s'investit alors dans la pensée ou dans l'action.

Émotions

Elles sont notre sève vitale et nous en couper nous rend tout desséchés. Il y a six émotions de base : le désir, le plaisir, l'amour, la peur, la colère, la tristesse. Elles sont des sources d'information très précieuses sur ce qui se passe en nous, chez l'autre ou dans telle ou telle situation et peuvent guider nos comportements. Quand par exemple nous ressentons de l'agacement ou de la colère, notre corps nous manifeste que quelque chose ne nous convient pas. De quoi s'agit-il ? Est-il juste d'exprimer ma colère maintenant et comment puis-je la dire pour qu'elle soit au mieux entendue afin que la situation qui déclenche ma colère puisse changer ? Qu'en est- il pour l'autre ? Nos émotions nous invitent à réfléchir puis agir de la façon la plus juste pour nous-mêmes et pour autrui.

Enfant intérieur

C'est la petite fille ou le petit garçon que nous avons été autrefois, avec ses joies et ses peines, ses échecs et ses réussites. Cet enfant a peut-être souffert de ne pas être suffisamment reconnu, respecté, aimé, protégé, … Il (elle) nous appelle aujourd'hui à lui apporter ce dont il a manqué dans le passé et à créer un lien fort avec lui. Si nous ne l'entendons pas, nous lui faisons subir de nouveau le manque de soin, d'attention, la maltraitance, l'abandon, la violence qu'il a déjà connus. Si nous l'accueillons et le protégeons, nous guérissons ses blessures et il (elle) pourra devenir un enfant insouciant et heureux, développer estime de soi, confiance en soi dans les autres et dans la vie. Aimer son enfant intérieur, c'est s'aimer soi-même.

Milton Erickson

Psychiatre et psychothérapeute américain (1901-1980), fondateur de l'hypnose ericksonienne. Il a révolutionné la psychiatrie en refusant toutes formes d'étiquettes, de diagnostics, de plans de traitement. Pour lui, chaque être humain était unique et demandait à être compris et reconnu dans sa façon unique d'être lui, fût-elle de prime abord plutôt étrange et déroutante ! Il fut passionné par la découverte du monde de l'inconscient et par la mise au jour des multiples façons de communiquer avec l'inconscient, puits de ressources infinies. Son ouvrage, *Ma voix t'accompagnera,* facile à lire, nous montre comment il travaillait avec ses patients, alliant à la fois l'intuition, le bon sens, la créativité et l'amour de l'être humain.

Guérison (ou réparation)

Nous avons le pouvoir de nous guérir nous-mêmes de nos blessures d'enfant. C'est notre liberté et notre responsabilité. Personne ne peut le faire à notre place et les psychothérapeutes ne peuvent que nous accompagner sur le chemin de la réparation et de la guérison. Ce « travail sur soi » se fait par l'accueil de notre enfant intérieur et de ses souffrances, par la création d'un lien d'amour avec lui (elle), par le soin et la protection que nous lui donnons aujourd'hui. L'objectif en est de nous libérer du passé et de nous apporter la guérison et le bien être dans notre vie du présent, l'aptitude à vivre l'ici et maintenant.

Harcèlement moral

Certaines personnes exercent leur pouvoir sur autrui en les harcelant dans leur vie privée ou professionnelle. Il s'agit la plupart du temps de *narcissiques pervers**. Les victimes de harcèlement ont un besoin vital d'être aidées à comprendre et à mettre des mots sur ce qui leur arrive, pour pouvoir se dégager progressivement de l'emprise du harceleur. Elles subissent des atteintes profondes dans leur estime d'elles-mêmes qui peuvent les pousser à des dépressions graves et parfois au suicide.

Identité

La vie nous invite à entrer de plus en plus dans notre identité, c'est-à-dire à découvrir qui nous sommes vraiment, au-delà des adaptations et des soumissions nécessaires un temps à notre croissance. Être soi, dans son identité authentique, n'est pas un état stable que l'on atteindrait une fois pour toutes. C'est un processus vivant, toujours en mouvement, une création permanente et stimulante qui donne du sens à notre vie.

Inconscient

Notre inconscient est, de par sa nature même, difficile à définir. Il est propre à chacun et chaque être humain en a une expérience différente. Dans la lignée de *Milton Erickson**, nous pouvons dire que c'est un puits de ressources illimité, le lieu de notre plus grande profondeur, de notre sagesse. Notre ami, notre allié. Peut-être notre guide intérieur. Il s'exprime, de façon privilégiée, par notre corps, par notre sensorialité et notre sensibilité, par notre intuition et notre imagination. Il semble infiniment plus apte à résoudre les problèmes de la vie quotidienne que notre conscient. Il sait nous montrer, nous faire entendre et sentir ce qui est juste pour nous. Pourtant, notre éducation, notre culture ne nous poussent guère à lui faire sa place. Il est trop souvent annulé, méconnu, écrasé au profit du conscient. Je crois que c'est l'intérêt de chacun de découvrir ou redécouvrir les ressources extraordinaires de son inconscient, sans pour autant négliger le conscient, et de stimuler leur bonne entente, leur alliance.

Intention positive de l'inconscient

C'est l'un des concepts clés de la PNL et l'un des outils majeurs de ma pratique. L'un des présupposés de la PNL est que « tout comportement est généré par une intention positive de l'inconscient ». Si j'ai un comportement qui me paraît limitant, voire nocif, et que je juge négativement, en cherchant à m'en débarrasser, il peut être intéressant que je me laisse voir, entendre et sentir, ce que cette part de moi cherche à me donner ou à se donner de positif, d'important, peut-être même d'essentiel ou de vital, quand elle génère ce comportement. Trouver l'intention positive de l'inconscient nous invite à voir autrement cette part de nous et à découvrir qui elle est vraiment dans son identité, pour pouvoir ensuite l'accompagner à répondre à ses besoins vitaux, autrement qu'à travers un comportement limitant. Ce travail nous permet d'arrêter de nous juger nous-mêmes trop sévèrement ou de juger et d'enfermer les autres en nous arrêtant à leurs comportements. L'intention positive de l'inconscient est toujours là. La mettre au jour ouvre considérablement le champ de la communication et de la relation avec soi-même et avec les autres.

Lâcher prise

Notre moi s'accroche au système de défense qu'il a mis en place autrefois pour s'adapter aux exigences et aux attentes des figures d'autorité, être ainsi reconnu le mieux possible et aussi protéger le *Soi**. Il peut aujourd'hui se détendre, s'assouplir, s'ouvrir à de nouvelles façons de faire et d'être, laisser le soi grandir et exister à sa façon.

Le Moi

Le Moi est cette part de nous qui s'est construite depuis notre enfance afin de répondre le mieux possible aux données de la vie quotidienne. Elle a appris, très tôt, à s'adapter aux exigences des « figures d'autorité » : parents, grands-parents, enseignants, éducateurs… Le Moi a pu, par exemple, mettre en place une excellente faculté à deviner les besoins des autres et à y répondre, avant même qu'ils n'aient été formulés. Nous avons pu développer ce talent, si nous avions une mère dépressive ou infantile, incapable de s'assumer. Notre Moi s'est alors structuré sur le mode de la prise en charge des problèmes d'autrui, avec tout ce que cela peut présenter aussi de positif en termes de dévouement, de générosité, de don de soi, de sens de l'initiative. Ou encore, notre Moi a appris très tôt que la vie est dure, qu'il faut se donner beaucoup de mal et que rien n'est jamais facile, ni léger. Même si, autrefois, nous faisions beaucoup d'efforts, nos figures parentales n'étaient-elles peut-être jamais satisfaites mais toujours exigeaient-elles plus de nous. Le côté positif de cette part peut être le courage, la persévérance, le sens de la perfection… Notre Moi est ainsi devenu un lieu privilégié de notre système de défense, c'est-à-dire, au fond, de notre système de protection. En effet, ce que recherchait inconsciemment cette part de nous était probablement d'être aimée, d'être reconnue, d'avoir sa place, mais aussi d'assurer la protection de cette autre part de nous, si précieuse, le *Soi**. Ces schémas, inscrits dans notre Moi, depuis tant d'années, se sont rigidifiés et systématisés, occupant parfois presque tout notre espace intérieur, au détriment du Soi. Les conflits et les rapports de force, à l'intérieur de nous, entre le Moi et le Soi, peuvent être très violents et à l'origine, sans doute, de nombreuses *somatisations**, notamment la dépression. Le Moi peut devenir de plus en plus tyrannique et contrôlant à l'égard du Soi. Quand, par exemple, nous réprimons nos émotions et nos sensations corporelles et faisons de notre corps une machine, quand nous nous tuons au travail, quand nous sommes si durs avec nous-mêmes, c'est bien notre essence, le Soi, que nous tuons à petit feu. Il s'agit alors, non pas de nous couper de notre Moi, ni de nous en débarrasser, car ce serait une nouvelle forme de violence à notre égard, mais de le transformer, de le « retourner » en un Moi aimant et protecteur pour le Soi (*cf. Retournement du Moi*).

Le Soi

Le Soi est très proche de ce que nous appelons l'*inconscient**
dans la lignée de *Milton Erickson**. C'est notre essence, la source
de la vie dans chaque être. Présent dès notre naissance, à l'état
de germe, il est appelé à se développer et à s'épanouir tout au
long de notre vie. Mais son processus de maturation peut être
entravé s'il n'est pas suffisamment reconnu et respecté par les
figures d'autorité, quand nous sommes enfants, puis, quand
nous sommes adultes, par notre *Moi**. Il risque alors de rester
immature et de générer des comportements inadéquats, comme
c'est le cas, par exemple, dans les addictions (à l'alcool, à la
drogue, …). Il peut aussi rester tellement caché qu'il en devient
quasiment oublié, parfois comme enterré. S'il est libre de s'exprimer, il peut se manifester, très tôt dans la vie, par ce que nous
appelons, en PNL, le « génie personnel », c'est-à-dire cette
qualité, ce talent qui émane de nous quand nous nous sentons
vraiment nous-mêmes, dans notre identité authentique. Notre
génie personnel est unique et ne ressemble à aucun autre. Il fait
partie de notre essence.

Maltraitance

La maltraitance psychologique est parfois plus difficile à déceler
que la maltraitance physique, surtout quand elle est subtile et
se cache sous des apparences d'estime ou d'affection. Le *Moi**
peut s'y tromper surtout s'il a, depuis toujours, dû s'adapter à
certaines formes de maltraitance. Le *Soi** est sans doute plus
lucide : nous sentons, nous savons dans notre for intérieur que
ce que nous subissons à certains moments n'est pas juste. Faire
confiance au Soi nous permet de nous libérer de la maltraitance
passée ou présente.

Manipuler

Manipuler autrui est une façon d'exercer le pouvoir sur lui. Cela peut aller jusqu'à le considérer comme un objet – et non plus comme une personne – qui n'aurait comme fonction que de nous apporter du plaisir, satisfaire nos exigences et nos désirs, notre soif de domination. Nos stratégies conscientes et inconscientes sont probablement les mêmes que celles que nous avons vu exercer dans notre enfance, sur nous ou nos proches.

Modèle du monde

Notre modèle du monde est la façon dont chacun de nous se représente la réalité intérieure et extérieure. Il est unique et spécifique et il n'est pas la réalité, il s'en rapproche plus ou moins. Or, dans la communication et la relation, nous avons tendance à vouloir imposer à l'autre notre propre modèle – nos façons de voir, de sentir, d'agir, nos valeurs, nos croyances… – plutôt qu'à être à l'écoute de son modèle à lui. Nous pouvons plutôt prendre le temps de découvrir la personne qui est en face de nous, l'accueillir inconditionnellement, sans *a priori*, sans jugement, sans projet de la faire changer. Découvrir son modèle du monde et la structure de son fonctionnement inconscient pour mieux communiquer avec elle.

Narcissique pervers

Les narcissiques pervers sont passés maîtres dans l'art de manipuler et de vampiriser les autres après avoir tout mis en œuvre pour les séduire et gagner leur confiance. Ils sont brillants, intelligents et savent trouver d'instinct leurs victimes. Celles-ci, en un premier temps subjuguées, ne voient pas venir le danger et s'offrent naïvement à celui ou celle qui deviendra leur bourreau. Critiques, dévalorisations, jugements de valeur, harcèlement permanent cassent l'estime de soi, d'une façon parfois très grave qui peut entraîner dépression et suicide. Les victimes ont du mal à s'éloigner car la relation d'emprise est très forte et les narcissiques pervers se présentent comme complètement innocents, accusant leur victime d'être malade et/ou folle. C'est le rôle des psychothérapeutes, entre autres, d'aider les victimes à analyser et à comprendre la situation, prendre du recul et faire face à la manipulation ou prendre la fuite quand elles le peuvent.

Parents intérieurs

La construction intrapsychique d'un père et d'une mère intérieurs aimants et protecteurs est nécessaire à la guérison de l'enfant intérieur. Nous avons toute liberté de créer ces parts de nous en fonction de nos désirs et de nos besoins. Même quand notre enfant intérieur est guéri et que la thérapie est finie, il est bien agréable de se parler à soi-même avec douceur et bienveillance, ou avec fermeté si c'est nécessaire, de se prodiguer réassurance, soutien ou encouragements.

Passage initiatique (vers l'âge adulte)

Pour nous, Occidentaux, le passage initiatique vers l'âge adulte se fait parfois fort tard et de façon assez rude. La dépression, pour certaines personnes, revêt ce caractère d'épreuve initiatique individuelle, à défaut de rituel collectif.

Perte de confiance en soi

La perte de confiance en soi provoquée par la dépression ou le harcèlement peut être le signe d'un manque de sécurité intérieure. Nous faisons parfois dépendre notre sentiment de sécurité de situations ou de personnes extérieures à nous. Nous créons ainsi une dépendance. La guérison de la dépression nous permet de construire un solide sentiment de sécurité intérieure, générateur d'une vraie confiance en soi, dans les autres et dans la vie.

Pression

L'excès de pressions extérieures dans notre vie personnelle et professionnelle engendre tellement de fatigue et de stress que nous sommes perturbés, fragilisés, surmenés. Nous préparons ainsi le terrain à toutes sortes de maladies et particulièrement à la dépression. C'est de notre responsabilité que de faire en sorte de réduire ces pressions extérieures ou, tout au moins, d'apprendre à nous en protéger en construisant de bonnes frontières intrapsychiques. Ces frontières nous permettent de nous sentir moins atteints sans nous couper de nos émotions pour autant. Il nous appartient également de faire cesser la pression que nous exerçons sur nous-mêmes et qui provient d'un *Moi** trop exigeant *(cf. Retournement du Moi).*

Programmation Neurolinguistique (PNL)

Approche psychologique créée aux États-Unis dans les années 1970 par Richard Bandler, informaticien, et John Grinder, linguiste. La PNL nous permet de décoder avec rigueur et précision comment une personne construit l'expérience qu'elle a du monde, des autres et d'elle-même. La PNL trouve son application dans tous les champs professionnels, à condition que le « PNListe » soit toujours respectueux du contexte dans lequel il intervient, ainsi que de l'objectif et de l'écologie des personnes concernées. Elle est l'art de bien communiquer – avec les autres et avec soi-même – à différents niveaux conscients et inconscients et de transformer des schémas ou des comportements limitants en expériences ressources.

PNL humaniste

L'originalité de la PNL humaniste est de donner la priorité à la transformation personnelle de l'intervenant, quel que soit son champ professionnel. En effet, mettre l'accent sur la croissance de son savoir-être lui permet d'utiliser ses outils et ses savoir-faire avec le maximum de congruence, de justesse et de respect d'autrui. L'intégration constante de l'hypnose ericksonienne à la PNL stimule chacun à développer la communication et la relation avec son propre inconscient, avec les parts de soi – ignorées ou méconnues – qui constituent le plus souvent notre plus grande richesse, notre essence. L'objectif de la PNL humaniste est de parvenir à la réconciliation et à l'alliance du conscient et de l'*inconscient**, de donner ainsi plus d'ouverture, de souplesse, de cohérence à la personnalité de l'intervenant en PNL. Celui-ci sait alors stimuler les ressources inconscientes des personnes avec lesquelles il travaille en comprenant mieux et en acceptant leurs blocages et résistances éventuels. Il développe sa capacité à éviter pour lui-même les pièges des jeux de pouvoir (*soumission** et/ou domination) et à être le plus souvent possible dans sa « juste autorité ».

Renaissance

La vie nous invite à une renaissance symbolique c'est-à-dire à nous mettre au monde nous-mêmes dans notre identité authentique. Ce travail de renaissance s'effectue progressivement, si nous y sommes suffisamment ouverts et prêts à nous remettre en cause et à changer. Il peut aussi se faire d'un coup à l'occasion d'une dépression grave, d'une confrontation à la mort ou de tout événement susceptible de nous pousser à prendre davantage la responsabilité de notre vie et à lui donner du sens.

Retournement du Moi

Quand le *Moi** est devenu excessivement dominateur, rigide, tyrannique, à l'égard du *Soi** au point que le Soi n'a plus d'espace et ne peut plus exister librement, il est grand temps de stimuler ses ressources de façon à lui permettre de se transformer, de se « retourner ». Cette part de nous qui agit avec nous-même comme un parent autoritaire, trop exigeant, trop sévère, a besoin d'apprendre à devenir bienveillante, aidante, à l'écoute, accueillante, protectrice, aimante comme le serait un « bon parent », une bonne mère, un bon père. C'est à cette condition seulement que le Soi peut retrouver sa place et s'épanouir dans tous ses talents. Le Moi est alors comme le jardinier du Soi. Il en prend soin quotidiennement. Il favorise l'expression et la créativité du Soi dans toutes ses formes possibles. Il est aussi son vecteur, son médiateur pour entrer en contact avec autrui. Il sait s'adapter à la réalité de façon positive et efficace. Si le Moi et le Soi ne sont plus en guerre à l'intérieur de nous et s'ils savent communiquer, s'entendre, se respecter mutuellement dans leurs différences, ils créent une alliance, source de grandes ressources.

Sidération

C'est l'état de stupeur et de confusion dans lequel nous nous retrouvons après un événement très violent qui nous touche de près. C'est le cas lorsque les personnalités narcissiques perverses font tomber leur masque de séduction et de gentillesse et révèlent brutalement et inopinément leur vrai visage haineux et destructeur.

Solitude

La solitude est un apprentissage nécessaire et bénéfique. Seuls, nous nous retrouvons face à nous, dans notre vérité. Nous nous recentrons sur ce qui est essentiel pour nous alors que les activités et les contacts incessants nous éloignent de nous. La solitude n'est cependant pas à confondre avec l'isolement dans lequel nous nous coupons des autres.

Somatisation

Notre corps est un messager merveilleux qui nous signale très vite que quelque chose n'est pas en ordre, n'est pas juste dans notre relation avec nous-mêmes ou avec les autres. Nous avons mal au dos, au ventre, à la tête. Nous souffrons de multiples petits maux. Si nous entendons ces messages nous allons leur donner du sens et mettre en œuvre les changements nécessaires au retour de notre bon équilibre. À l'inverse, si nous nous contentons de soigner le symptôme en prenant quelques médicaments, nous courons le risque de somatisations plus importantes.

Soumission

Nous sommes dans la soumission à l'égard des autres quand nous les laissons exercer leur pouvoir sur nous, nous contrôler, nous manipuler, nous considérer comme des objets, nous maltraiter. Nous nous sentons incapables de résister à leur domination, ou nous craignons qu'ils nous rejettent si nous sortons de la soumission, et nous restons alors comme des enfants démunis. La vie nous invite à « grandir » et à nous faire respecter, à quitter les rapports de force pour entrer dans notre « juste autorité ».

BIBLIOGRAPHIE

Andreas Connirae et Tamara, *Transformation essentielle*, Chabreloche La Tempérance, 1998.

D'Ansembourg Thomas, *Cessez d'être gentil, soyez vrai*, Éditions de l'Homme, 2001.

Bruckner Pascal, *L'Euphorie perpétuelle*, Grasset, 2000.

Brun Jean, *L'Épicurisme*, PUF, coll. « Que sais-je ? », 1959.

Cayrol Alain, de Saint Paul Josiane, *Derrière la magie, la Programmation Neuro-linguistique*, InterÉditions, 1984.

Ehrenberg Alain, *La Fatigue d'être soi*, Odile Jacob, 1998.

Épicure, *Lettre à Ménécée*, Hatier, 1999.

Épicure, *Maximes*, Actes Sud, 1993.

Esser Monique, *La PNL en perspective*, Labor, Bruxelles, 2003.

Grinder John, Bandler Richard, *Les Secrets de la communication*, Le Jour, 1982.

Hirigoyen Marie-France, *Le Harcèlement moral*, Syros, 2001.

Haley Jay, *Un thérapeute hors du commun : Milton H. Erickson*, Épi, 1984.

Houziaux Alain (al.), *Peut-on apprendre à être heureux ?* Albin Michel, 2003.

Jung Carl Gustav, *L'Homme à la découverte de son âme*, Éditions Du Mont-Blanc, Genève, 1962.

Kübler Ross Elisabeth, *Les Derniers Instants de la vie*, Labor et Fides, 1990.

Levin Pamela, *Les Cycles de l'identité*, InterÉditions, 1986.

Megglé Dominique (Docteur), *Erickson, hypnose et psychothérapie*, Retz, 1998.

Megglé Dominique (Docteur), *La Dépression*, Presses de la Renaissance, 2002.

Miller Alice, *L'Avenir du drame de l'enfant doué*, PUF, 1996.

Miller Alice, *Notre corps ne ment jamais*, Flammarion, 2004.

Pénisson Pierre, *Lettre à Ménécée*, analyse, Hatier, 1999.

Rosen Sidney, Erickson Milton H., *Ma voix t'accompagnera*, Paris Hommes et Groupes, 1986.

Roubeix Hélène, *À la rencontre de soi, se libérer des rapports de force*, Anne Carrière, 2000.

Roubeix Hélène, Filliozat Isabelle, *Le Corps messager*, Desclée de Brower, 2003.

Saint-Exupéry (de) Antoine, *Le petit Prince*, Gallimard, 1999.

Tournier Michel, *Vendredi ou les Limbes du Pacifique*, Gallimard, coll. « Folio », 1967.

Dans la même collection

Sarah Famery
SAVOIR ET OSER DIRE
NON
Pour bien s'affirmer en couple,
en famille, entre amis...
et retrouver une juste place
dans des RELATIONS
HARMONIEUSES
EYROLLES

Jacques Regard
STOP
À LA MANIPULATION
Une méthode inédite
POUR NE PLUS VOUS LAISSER FAIRE,
et DÉJOUER LES PIÈGES des manipulateurs
DÉFENSE
D'ENTRER
EYROLLES

Miguel Mennig
CE QUE DISENT
VOS RÊVES
Un guide d'interprétation pour DÉCRYPTER
de A à Z LES SYMBOLES DONT VOUS RÊVEZ
EYROLLES

Docteur Christophe Marx
DU DÉSIR AU
PLAISIR SEXUEL
Des réponses à vos questions
et les clés d'une RELATION ÉPANOUIE
EYROLLES

Catherine Cudicio
LA PNL
une méthode de psychologie appliquée
pour s'exprimer avec authenticité
et COMMUNIQUER AUTREMENT
EYROLLES

Docteur Christophe Marx
L'EMDR
L'histoire, la méthode et les techniques
pour SE LIBÉRER DE SES TRAUMATISMES
et DÉPASSER SES BLOCAGES
EYROLLES

Catherine Cudicio
L'AUTOCOACHING
Découvrez toutes les techniques
pour vous coacher vous-même
et RÉALISER VOTRE PROJET DE VIE
EYROLLES

LA SOPHROLOGIE
Découvrez ses différentes techniques
pour RÉCONCILIER CORPS ET ESPRIT
à travers des exercices de relaxation dynamique
EYROLLES